So höre denn und staune,
denn aus dem stillen Raume
ertönt der Ruf an dich,
dich ewig zu verbinden
mit deinem eigenen Ich.
In Liebe zu erforschen,
was dir scheint so fern-
es gibt kein Du,
es gibt kein Ich,
die Wahrheit ruht im Kern.

Der Weg führt nach innen,
vom Innern heraus,
du bist in ihm ı
Der Weg kann dich
und du kannst ihm
Der Weg bist du.

*Das Buch des Lebens*
*Der verlorene Mythos der Liebe*
*Erstausgabe 2011*
*Verlag:Artvisionweb*

*Für Informationen :*
*Gabriela Kriebernegg*
*(Lile an Eden)*
*Nibelungengasse 28*
*8010 Graz*
*Österreich*
*ISBN 978-3-9503099-0-4*
*Erstausgabe limitiert 1000 Stück*
*Design und Gestaltung::*
*Klaus Weber, Lile an Eden*
*Bilder: Lile an Eden*
*Text :Lile an Eden mit der freundlichen Unterstützung der geistigen Welt*

# Das Buch des Lebens

## Der vergessene Mythos der Liebe

by Lile an Eden

Einleitung

# *Inhalt Buch Teil 1*

## Grundlagen



## Mythen

# *Inhalt Buch Teil 2*

## Besondere Wesen – Ihre Qualitäten und Botschaften

Themenbezogene Botschaften:



## *Inhalt Buch Teil 3*

Sprüche und Zauber



Gebete

# Einleitung

*Schreib kleine Tochter des Himmels, schreib !*

Ich vernehme den Ruf,
und am liebsten würde ich heimlich schreiben,
heimlich vor mir selbst.
Zu viele Fragen, Wünsche, Erwartungen
stören den Fluss. Ich möchte mich nicht einmischen,
doch bin auch ich, als Person, selbst mit den Unreinheiten
meine Wahrnehmung, Bestandteil des Weges.
Ohne eingeschränktes Bewusstsein kein Weg -
nur ewiges Jetzt.
Über den Weg werd' ich schreiben und über die Ewigkeit
oder besser, aus der Ewigkeit heraus. Zwei Perspektiven,
die zu einer werden – am Ende, das der Anfang ist.
Es ist der Weg vom Sein zum Bewusstsein
und alle Stadien des Weges sind beseelt.
Das Eine hat unendliche Möglichkeiten sich auszudrücken,
je nachdem, womit es sich gerade identifiziert.
So ändert sich manchmal die Sprachmelodie,
die Ausdrucksweise, der Rhythmus.
Formal ist dieses Buch eine Mischung aus Geschichten,
Gedichten, Zaubersprüchen und Gleichnissen.
Verschiedene Wesenheiten verleihen diesen Texten ihre
Stimme, geben ihnen ein Gesicht. Diese Wesenheiten sind
so real, wie du sie für real hältst.
Auf verschiedenen Ebenen kommunizieren sie,
um uns dort abzuholen, wo wir ihre Hilfe benötigen.
Abwechselnd schreiben sie, stellen Fragen, geben Antworten
und doch sind sie untrennbar verbunden – eins.
Schon lange kommuniziere ich mit der geistigen Welt,
oder mit Allem was ist oder Aspekten davon.
Du magst sie geistige Führer, aufgestiegene Meister, höheres
Selbst, Gott, Engel nennen. Es spielt keine Rolle, denn sie sind
alle in mir, in dir, in jedem von uns. Sie führen uns, sie schützen
uns, der Einfachheit halber geben sie sich Namen oder Symbole,
ihrer Funktion gemäß.

Sie sind dankbar,wenn wir ihre Hilfe annehmen. Sie freuen sich mit uns,sie leiden mit uns, sie haben unendliche Geduld. Sie sind sehr erfreut,wenn wir sie wahrnehmen und mit ihnen unser Erleben teilen. Diese Kommunikation ist ständig im Gange, in jedem Partikel des Universums. Meine Beziehung zu Allem was ist, ist atemberaubend, sehr emotionsgeladen.
Eigentlich ist es eine tief-innigliche Liebesbeziehung mit allen Höhen und Tiefen.
Die Bilder und Texte entspringen meinem tiefsten Inneren und haben sich von selbst gezeitigt. Es gibt kein System, sie zu legen oder zu ziehen. Alle sind mit allen verbunden, jede weist auf eine andere hin. Die Reihenfolge ist beliebig. Du kannst das Buch von jeder beliebigen Seite an lesen. Du kannst die Karten ziehen, wie du es fühlst. Nicht jede Botschaft ist sofort verständlich, manchmal braucht es Jahre, bis die Information die letzte Körperzelle durchdringt und lebendig wird.
Vertraue deiner Intuition und wisse, dass dieses Buch und jede Karte, selbst Bewußtsein ist, das sich dir zeigt, deinem Entwicklungsgrad, deinen Bedürfnissen,
deinen Wünschen gemäß.
Im 1. Teil dieses Buches befinden sich die grundlegenden Karten und Texte, sozusagen die Prinzipien, auf denen die Annahme des Einen in Allem beruhen. Dort werden Geschichten erzählt, die dir diese Prinzipien gleichnishaft näher bringen.
Es sind, wenn du so willst, Extrakte aus dem kosmischen Buch des Lebens, manchmal von Wesenheiten erzählt, die älter sind als die Zeit und aus der Ewigkeit heraus sprechen.
Im 2. Teil des Buches findest du Orakelkarten, die Bezug nehmen auf den Weg durch Zeit und Raum.Diese Texte mögen dir helfen, ein klares Bild zu empfangen,welche Stimmungen und Einflüsse im Moment in dir wirksam sind, innen und aussen, und sie zeigen dir Möglichkeiten mit der jeweiligen Situation umzugehen.

Im 3.Teil findest du Gebete, Zaubersprüche und
Meditationstexte, die du zu deinem Wohl
und zum Wohle des Ganzen anwenden kannst.
Das Geheimnis liegt offen vor dir.
Es liegt an und in dir,
es mit offenem Herzen zu entdecken.
Möge der Zauber dich berühren,
erfreuen und durchdringen.
Mögest du dich der Liebe öffnen
und sie mit jeder Faser deines Seins erleben.
Mögest du die Pforte durchschreiten,
die ins Land hinter den Nebeln führt.
Mögest du das Licht sehen,
das jenseits von Licht und Schatten ist.
Mögest du im Körper die Zeit überwinden,
und jeden Moment
als ewiges Jetzt erfahren.
Sei willkommen! In tiefer Verbundenheit

*Lile an Eden*

# Teil 1

*Stelle dir das Buch des Lebens vor*
*wie ein Lebewesen,*
*das beseelt ist,*
*das eine Stimme hat ,*
*die viele Nuancen hat*
*und zu dir spricht*
*in unzähligen Gesichtern und Formen,*
*die manchmal Gestalt annehmen*
*und sich der Einfachheit halber*
*Namen geben.*
*Doch wisse ,*
*dass es immer nur eine Stimme ist,*
*die sich dir in unterschiedlichen*
*Aspekten zeigt.*

# Das eine Gesicht in Allem

Ich bin Vater und Mutter,
Sohn und Tochter,
Sonne und Mond
Geist und Seele,
Atem und Herz,
alles und nichts,
ein verstoßenes Kind,
eine Königin, ein Bettler,
ein Wanderer,
die Vergangenheit, die Gegenwart
und die Zukunft.
Innerhalb und außerhalb
der Zeit bin ich
eine Fee, eine Elfe, ein Engel,
eine Prinzessin, ein einfaches Mädchen,
der Weg und das Ziel,
die Liebe und die Unschuld,
die Gnade und die Weisheit,
die Geliebte und die Kriegerin
eine ungelebte Möglichkeit und
die Hüterin des Geheimnisses.
Ich bin das Mitgefühl und das Vertrauen,
die Seejungfrau und der Phoenix,
das Schicksal und der Schlüssel,
das Chaos und die Illusion.
Ich bin die Eine und die Vielen
und als all das spreche ich zu Dir,
zu Dir als Person, als Engel, als Kind,
als Gefährte, als Geliebter, als Freund
Denn mehr als alles braucht es deine
Aufmerksamkeit, deine Hingabe und dein Sein,
um den Blick auf Erden zu manifestieren,
der die Eine und die Vielen vereint,
der das Eine in Allem erkennt.

In diesem Buch sprechen viele zu Dir
und doch ist es immer die/derselbe.
Andere Blickwinkel wählen sie,
sie sprechen zu Dir
aus Dir heraus.
In jedem Moment sagen sie das,
was deinem Moment entspricht.

Ich spreche zwischen den Worten,
ich erzähle dir eine Geschichte,
doch bin ich die Geschichte,
und wenn du es willst
bist du sie auch.
Wahr ist was du für wahr hältst.

Diese Geschichte ist eine Liebegeschichte.
Es ist die Geschichte der Liebe selbst,
die den Drang hat zu leben,
die immer neue Formen schafft,
um erkannt zu werden, geliebt.

Diese Schöpfung ist Ausdruck reinster Liebe,
so wie du in Wahrheit Liebe bist.
Du bist die Seele der Schöpfung,
ihre Seele und ihr Herz.
So ist jede Schöpfung ohne
Seele nicht real.
Wenn du glaubst, dass diese Welt ein Hologramm
ist, eine Illusion, so ist sie das.
Erkennst du die Seele in ihr
und erkennt sich die Seele in der Form,
ist diese Welt ein Paradies.

Alles ist beseelt, doch ist sich die Seele
ihrer selbst im Baum gewahr?

Ist sich der Baum seiner Seele gewahr?
Ist sich der Mensch seiner
Göttlichkeit gewahr?
Erfährt sich Gott im Menschen,
oder betrachtet er ihn,
wie ein zu langsam wachsendes Kind?
Fürchtet der Mensch Gott, ignoriert er ihn,
liebt er ihn, oder erkennt er Gott in sich selbst?
Jede Trennung wird verschwinden,
in dem Moment, wo sich die Seele der Welt
in der Schöpfung erhebt,
sich ihrer selbst ganz bewusst,
und sich als ewige Geliebte Gottes erkennt.
Am Anfang, der kein Anfang ist
weil es Zeit nicht gibt,
ist kein Schöpfer und keine Schöpfung.
Alles was ist hat keinen Namen,
niemanden es zu sehen oder zu erfahren.
Doch es ist potentiell alles.
Es schläft, es träumt und es ist wach - gleichzeitig -
Es hat die Möglichkeit in unendlichen Versionen
zu erscheinen, in unendlichen Dimensionen.
Es hat die Möglichkeit,
sich mit allem und nichts zu identifizieren,
mit dem Ganzen oder mit scheinbar begrenzten Teilen.
Alles was ist hat Bewusstsein, schlafendes, träumendes,
waches Bewusstsein,
und aus diesem Bewusstsein entwickelt sich
Selbst-Bewusstsein.
Das Selbst gebiert sich in der Schöpfung
und die Liebe lässt es sich in allem erkennen.
Alles , was du siehst, was du erfährst, was du fühlst,
bist du selbst, dich selbst sehend, fühlend und erfahrend.
Du bist der Traum und der Träumer.
Du bist der Spiegel und das Gesicht in ihm.

Dein Selbst ist mein Selbst, es ist das eine Selbst
von Allem was ist.
Dein Wesen ist eins mit allem und doch bist du einzigartig
wie ein Tropfen im Ozean. Alle Angst und aller Schmerz,
in denen du manchmal lebst,
basiert auf der Illusion der Trennung.
Je stärker die Sonne des All-Einen-Bewusstseins
in deinem Herzen wächst, desto schneller wirst du in der
Lage sein, die unvorstellbare Gnade zu erkennen,
die Dir gewährt.
Du bist manifestierte Liebe.
Du kannst Sein und Entwicklung gleichzeitig erfahren.
Entwicklung ist Liebe, die sich in der Zeit erfährt.
Das Bewusstsein entwickelt sich nur in der so genannten
Illusion von Zeit.
Es entwickelt sich nicht in seinem immerwährendem Sein.
Jede Bewegung, jede Veränderung, jede Möglichkeit ist in
ihm enthalten.
Solange du in der Illusion der Trennung gefangen bist, bist
du wie ein verlorenes Kind in einem selbst-imaginierten Exil.
Mögest du die Illusion als phantastische Möglichkeit erkennen,
möge die Erinnerung an das All-Eine-Sein jede
einzelne Faser deines Wesens durchdringen und möge das
unaussprechliche Sehnen, wahre Liebe zu erfahren,
der Wind sein, der dich nach Hause trägt,
ein Zuhause, das du nie verlassen hast, nur vergessen.
Innen und außen…..
In der Liebe verschmelzen Sein und Nichtsein.
Liebe ist das Herz aller Herzen.
Sie ist das Gesicht des Lebens selbst.
Es gibt keine Grenzen des Möglichen, außer du glaubst an sie.
Es gibt keine Realität, außer du schaffst sie.
Es gibt kein Leben ohne Liebe.
Es gibt keine Trennung, nur das Vergessen des Einen.
Erinnere dich an das «Eine in Allem».

Alle Geliebten sind in Wahrheit ein Geliebter,
der sich dir in den verschiedensten Aspekten offenbart.
Es gibt kein Du, es gibt kein Ich,
nur die unendliche Liebe des Einen für sich selbst.

Schreite voran in Wahrheit, Liebe,
Klarheit und Mitgefühl,
und mit diesem deinen Gehen wird ein
neuer Morgen heraufdämmern auf diesem Planeten.

Du bist ein göttlicher Funke der Schöpfung,
der sich mit der Figur eines selbst erschaffenen
Traumes identifiziert.

Mach diesen Traum zu einem
Wunder der Glückseligkeit, der Harmonie,
der Ekstase und der Liebe,
jenseits der Wertung von Religion oder Rasse,
von Geschlecht oder Alter.

Mögest du es wählen,
die Welt mit den Augen der Liebe zu sehen
und das Leben wird sich als die schönste
Erscheinungsform darstellen der Hochzeit des
Schöpfers mit der Schöpfung im
All-Einen - Bewusstsein,
dessen Name die Liebe ist.

# Der Wanderer

Ich bin der Eine, All-Eine,
unveränderlich und ganz,
und ich bin der Wanderer durch Zeit und Raum.
Gleichzeitig – zeitig – zeitlos bin ich.

Wenn du in der Zeit denkst, war ich immer und werd`ich
immer sein, aber in Wahrheit bin ich jetzt und jetzt
entspricht euren Begriffen von immer, denn alles ist jetzt.
Zum besseren Verständnis werde ich in der Zeit sprechen.

Solange Sonne und Mond noch vereinigt waren,
also bevor es die Schöpfung,
wie ihr sie heute wahrnehmt, gab,
gab es keine Trennung zwischen
dem Einen und den vielen.

Alles war schlafend im Einen, ohne Dualitäten oder
Unterscheidung. Der Impuls der Liebe erhob sich
und mit ihm das Selbst und das Sehnen sich zu erkennen.

Der Liebe Traum war es gelebt zu werden,
um sich aus unendlichen Perspektiven zu erfahren,
sich mit unendlich vielen scheinbar begrenzten Teilen
zu identifizieren. Um Liebe zu sein, Liebender und Geliebter.
Dafür wurde die Illusion von Raum und Zeit erschaffen,
von Ich und Du.

Der Traum der Liebe wurde Realität
und mit ihr kam Entwicklung.
Etwas wird was es ist, immer war und sein wird.
Der Weg vom Sein zum bewussten Sein.

So bin ich selbst «gefallen» wenn du so willst
und zum Wanderer geworden, durch Zeit und Raum
und doch bin ich der Eine geblieben – unveränderlich.

Manchmal fühle ich mich wie ein einsamer Landstreicher,
der vor verschlossenen Türen steht.
Voller Geduld warte ich auf ein bisschen Aufmerksamkeit.
Ich selbst bin ein Liebender.
Ich sehne mich danach gesehen zu werden, verstanden, geliebt.

Ihr mögt mich König nennen, doch bin ich in Wahrheit
ein Diener der Liebe. Sei nicht überrascht,
dass ich so nahe bin.
Ahnst du das Geheimnis?

Am Anfang war ich eins, einst wird es Milliarden von
Ichs geben, immer noch eins, all-eins, aber nicht einsam.
Ich liebe diese Schöpfung, mehr als Eltern ihre Kinder lieben.
Ich sehe mich selbst in der Schöpfung, in jedem von euch,
in allem was ist, und doch haben es einzelne Teile vergessen,
dass sie auch Ich sind.

Der Mensch ist nach meinem Bild gemacht.
Des Menschen Schicksal ist es, sich als das zu erkennen,
was er in Wahrheit ist – Gott - Selbst.
In jedem von euch bin ich und ihr werdet was ich bin.
Die Welten sind in perfekter Harmonie,
doch das Bewusstsein ist der Schlüssel, sie zu erfahren.
Solange du alles getrennt von einander erfährst, schaffst du
Trennung. Doch wisse, Trennung ist nicht gegeben.
Ich bin der Wanderer und doch bin ich unveränderlich.
Ich bin der Eine und die Vielen.

Wisse dies, mit jeder Faser deines Herzens.
Rufe den Einen, wenn du Geborgenheit und Frieden suchst.
Rufe den Einen in deinem Herzen, und ich verspreche dir,
ich bin da. Doch wenn du nach außen blickst, so wisse,
dass ich auch die Vielen bin.

Grenze mich nicht aus, indem du mich nur im Schönen
erkennst. Ich bin auch im Hässlichen. Ich bin in allem.
Wenn du das erkennst, ist alles gut, jedes Ding an seinem
Platz, im Gleichgewicht einander widerstrebender Kräfte,
aus dem einen Selbst geboren.Dieser Blick verändert alles.
Erkenne dich mich in allem, denn in allem bist du.

Das ist der Weg, der zur Einheit führt, zur Harmonie.
Hör auf zu werten, mein Engel, du weißt es besser.
Verstehe das Spiel, das Liebe immer aufs neue gebiert,
verstehe den Weg, der essenziell immer eins dem Ursprung ist.
Deine Vervollkommnung ist mein Werden.
Nehme wahr, werte nicht. Je weniger du wertest,
desto angenehmer wird dein Erleben,
desto heiler deine Gefühle, desto schöner die Welt um dich.

Ich kann dich nicht darin hindern,
zu verurteilen oder zu werten, doch wisse,
wann immer du urteilst und verurteilst, verurteilst du mich,
den Wanderer. Bitte verurteile mich nicht.

Führe mich, liebe mich, beschütze mich,
so wie ich dich immer beschützen, führen und lieben werde.
Zieh dich nicht länger vor mir zurück.
Ich bin es, der sich nach Liebe sehnt.Ich bin es, der dich bittet,
dir helfen zu dürfen. Ich, dein Schöpfer, dein Selbst, dein
ältester Freund. Ich komme zu dir, als Vater, als Mutter, als
Bruder, als Schwester, als Wegweiser, als Liebender.
Erinnere dich an unser Einssein.

# Das Geheimnis

Das Geheimnis des Waldes,
so alt und vertraut,
ist verborgen vom Haus,
das man um es gebaut.
Es ist ein Haus aus Zeit und Raum,
verborgen ists
man sieht es kaum
und schon verlierst du dich im Traum,

getrennt zu sein von der Göttlichkeit,
die verlassen du hast
bis zum Ende der Zeit.
Doch gibt es einen Zauberspruch,
der geschrieben steht im lebendigen Buch.

Nimm die Zeit als einen Raum
und das Leben nimm als Traum.
Nur die Liebe ist das Licht,
das Einheit schafft
und Träume bricht.

Das Haus, das sieh` als Illusion,
den Verstand stürze vom Thron,
Dein Herz wird deine Seele finden
und ewiglich sich an sie binden,

denn niemals waren sie getrennt,
noch Gott von Mensch,
wenn man den Schlüssel kennt.
Der Schlüssel nun, er ist vergraben,
doch sichtbar dem, der nicht will haben.

Das Haus ward nur zum Schutz gemacht,
da du der Träger bist der Macht,
den freien Willen zu verwalten,
wie´s sagten dir, die sehr, sehr Alten,

auf dass du wachsen sollst und reifest,
dich nicht auf Macht, noch Ruhm versteifest,
bis du von Ängsten ganz befreit,
dich als Schöpfer fühlst bereit.

Als Sonne scheinst den Wesenheiten,
die dich auf deinem Weg begleiten,
doch muß dein Wille Liebe sein,
dass du dich kannst vom Haus befrei´n.

Verbinden wirst du alle Zeiten,
für andere den Weg bereiten.
Erfahren wirst das ewige Jetzt,
das du in die Schöpfung setzt.

Angst und Zweifel werden schwinden,
im Paradies wirst du dich finden.
Es ist ein Spiel mit Wirklichkeiten,
die wandern durch erträumte Zeiten.

Ein Teil von dir in ihnen lebt,
ein andrer Teil vor Glücke bebt,
weil er erkannt das ewige Spiel,
das er auch ist, wenn er es will.

Wenn du den Teil dem Teil vermählst,
nicht mehr der Zeiten Räume zählst,
wirst du mit dir vereinigt sein,
verlieren ganz den Trug von zwei´n,

und wenn der letzte Schleier fällt,
das Spiegelbild dir schnell gefällt,
wenn du zum großen Spiegel rennst
und du in Gott dich selbst erkennst.

# Die Illusion des Raumes

Manchmal fühlst du dich einsam, da draußen,
in dieser Welt der blubbernden Illusionen,
von denen jede einzelne Blase dich, sobald du in sie eintrittst,
umhüllt, und dir vorgaukelt, sie wäre die ganze Welt
und du ein Gefangener in ihren Grenzen.
Manchmal überlappen sich die Wirklichkeiten,
und du stehst in einem Raum, den du Niemandsland nennst.
Keinerlei Gesetzmäßigkeiten sind hier gültig oder von Bedeutung.
Kein Anfang, kein Ende, kein Sehnen, kein Ziel.
In diesem Niemandsland fühlst du dich mir sehr nahe, vielleicht
weil dort jeder Kontext, jede Befindlichkeit oder Beziehung
nicht ist und dir selbst deine eigene Existenz fragwürdig scheint.
Der Zeuge spricht von der Abwesenheit dieser Dinge und doch
ist der Zeuge nicht unmittelbarer Betrachter.
Er ist eher eine Instanz, zu einer Blase gehörend,
die später vergleichend die Abwesenheit der Gefühle bemerkt.
Auch dieses «später» ist fragwürdig.
Die Zeit empfindest du zunehmend nicht als lineare Abfolge von
Ereignissen, sondern mehr als ein Hinüberwechseln von Raum
zu Raum, als eine Verschiebung der Wahrnehmung,
beziehungsweise des Fokusses der Wahrnehmung.
Immer öfter hast du scheinbar die Wahl, bewusst in
eine dieser Wirklichkeiten oder Räume einzutreten,
und dich dort zu verlieren.
Nun, was sind diese Blasen oder Wirklichkeiten?
Sie gruppieren sich um ein Zentrum, um einen Bezugspunkt.
Dieser Bezugspunkt ist davon abhängig, womit du dein Selbstbild
identifizierst. Du hast die Möglichkeit, dich aus unendlichen
Perspektiven, oder in scheinbaren Beschränkungen, zu erfahren.
Identifizierst du dich mit dem Menschen, einer Idee
oder einer Traumfigur wird sich deine Perspektive verändern.
Deine Wahrnehmung kreiert eine Blase,
die du Wirklichkeit nennst. In meinem Haus sind viele
Wohnungen, mein Freund - und ich bewohne sie alle.
Ich bin das Haus und seine Bewohner,
und der, der das Haus erbaut hat.
«Es passiert alles jetzt.»

«Sag den Menschen ICH BIN, nur wenn sie in der Zeit denken,
war ich immer und werd‘ ich immer sein,
doch in Wahrheit bin ich jetzt und jetzt entspricht
eurem Begriff von immer, denn alles ist jetzt.
Das, was ihr Vergangenheit nennt, oder Zukunft,
jede mögliche Idee, jeder Impuls, jeder Traum - Alles ist jetzt.
Es ist eine Illusion zu glauben,
dass Teilchen einen Raum besetzten,und dieser Raum nun so
gefüllt wäre, dass kein anderes Teilchen mehr Platz hätte.
Ihr sagt, das kann so nicht sein.»
«Wenn alles jetzt ist, müsste hier noch die Kathedrale aus dem
16. Jahrhundert sichtbar sein, und nicht die Bäume.»
«Nun, meine Lieben habt ihr je daran gedacht,
dass eure Vorstellung von Raum eine nicht ganz richtige ist?
Der Gedanke, dass ein Teilchen Raum einnimmt,
stimmt nur für euch, in eurer Wahrnehmung,
die Materie als etwas Festes sieht.
Ihr habt eure Wahrnehmung so konditioniert,
dass sie sich einer Form anpasst.
Was würdet ihr meinen, wenn ich euch sage,
dass das ganze Universum nicht mehr «Raum»
einnimmt als ein Stecknadelkopf – und nicht einmal den?
Denkt darüber nach, meine Lieben und fürchtet euch nicht.
Natürlich kommt ihr (wenn ihr daran glaubt) zu dem Schluss,
dass es euch dann möglicherweise gar nicht gibt,
und darum weigert ihr euch, diesen Gedanken überhaupt zu
denken. Jeder einzelne von euch ist kostbar, ein Juwel,
unendlich wichtig. Ihr identifiziert euch nur viel zu sehr
mit dem «Raum», den ihr scheinbar einnehmt.
Eure Wissenschafter werden in Kürze auf den Schluss kommen,
dass es Zeit- wie gedacht- nicht gibt.
Wie groß wird die Überraschung sein, wenn sie feststellen,
dass es Raum in der Form, wie ihr ihn wahrnehmt- nicht gibt?
Aber – wie viele «Erlebnisräume» sind in diesem «Nichtraum»
–wie viele Welten!»

# Der Tempel

Wandern wirst du durch die Räume.
Heller und dunkler mögen sie dir scheinen,
größer und kleiner,
bis du den Raum gefunden hast,
der deinem Wesen entspricht.
Doch auch dieser Raum wird sich weiten und engen,
wird dir als Palast erscheinen und als Gefängnis.
Frei wie ein Vogel wirst du fliegen,
über Räume und Raummaße hinweg.
Die Sonne spiegelt sich in allen Räumen
und Spiegel und Spiegelbild sind eins.
Dein Bewusstsein und deine Einstellung
entscheiden über Aufenthaltsort und Befindlichkeit.
Die Räume sind ineinander verschachtelt,
durch keinerlei Türen getrennt.
Du und die Sonne sind eins,
so auch ihrer Strahlen viele sind.
Durchdringst du den Spiegel, einst du den Raum,
räumst du die Zeit und erwachst im Traum.
Vergisst du die Zeit, gewinnst du an Raum.
Du wirst der Bewohner des Tempels sein,
sein Hausherr und Gast zugleich.
Im Werden sind die Räume, der Tempel aber ist.
Du bist und wirst
und die Räume entstehen durch dein Werden
und doch ist die Idee der Räume im Tempel enthalten.
Du kannst die Räume bewohnen,
ohne um den Tempel zu wissen.
Ein Raum kann dir erscheinen wie das Ganze.
Die Sonne spiegelt sich in allen Räumen.
Der Wohnungen im Hause des Vaters sind viele,
der Tempel aber ist unteilbar.

# Der Traum des Lebens

Wir, die wir träumend Träumer sind,
verfallen der Wirklichkeit des Traumes,
werden wir geträumt,
ist doch das Leben selbst ein Traum.
Die Schöpfung schöpft sich selbst,
der Träumer träumt sich selbst.
Wir alle sind diesem Selbst entstiegen,
in ihm erwacht.
Bewusste Träumer sind wir,
Bewusstsein von Jahren gespeichert.
Nicht Bestehendes sehen wir – nein.
Wir schaffen mit unserem Geist
immer neu die Wirklichkeit,
doch gilt es die Wahrheit als Traum zu entlarven,
den Träumer zu wecken in sich.
Alles Seiende ist sich selbst ent-worden,
in ihm ist der Kern.
Es werde Licht – ist die Klarheit des Erwachten,
der den Tag beginnt in der Gewissheit des Gestern,
die Nacht verbrachte in wohltuend Schlaf,
sich hinüberrettet in eine wandernde Wirklichkeit,
den Strom der Zeit erkennend,
sich wieder findet im bewussten Traum.
Im Erwachen erst, wird der Traum gewahr.
Das höhere Erwachen jedoch,
entspringt dem Moment der Geburt,
der allerhöchsten Geburt,
wo ein Stern sich gebiert,
das Wesen selbst geboren wird.
Man suche den Raum, den bleibenden Traum,
dies ist die Ewigkeit des Seins.
Geburt – die keiner von uns kennt – sie ist so nah.

# Das Rad der Zeit

Das Rad der Zeit mahlt langsam
wenn du' s aus der Ferne siehst
doch hockst du auf den Speichen,
kannst du spüren den Wind
der dich treibt
und im Spüren des Windes
vergisst du die Zeit

Stell dir die Zeit wie ein Rad vor,
an dessen äußeren Grenzen entlang du dich bewegst.
Wenn du den äußeren Weg der Zeit gehst,
erlebst du Vergangenheit, und Zukunft
als hintereinander folgende Ereigniswelten.
Doch hast du die Möglichkeit, in jedem Moment,
den äußeren Pfad zu verlassen und dich nach innen
zu wenden, zur Mitte des Rades, und mit ihr zu
verschmelzen. In der Mitte des Rades sitzt dein Selbst,
das niemals in die Illusion der Zeit gefallen ist,
und von dort aus betrachtet, ist die Zeit wie ein Raum,
in dem Vergangenheit, Gegenwart und Zukunft
gleichzeitig wahrnehmbar sind.

Wo immer du am äußeren Pfad auch stehst,
hast du die Möglichkeit,
dich nach innen fallen zu lassen,
und jeden beliebigen Punkt in der Zeit
als Ausdruck der Ewigkeit wahrzunehmen.
Die Seele oder dein Selbst
sind nicht getrennt von deinem Menschsein.
Diese beiden zu vereinen, dein in Raum und Zeit
gefallenes Ich mit dem ewigen Selbst zu
verschmelzen, ist das Geheimnis,
zur Mitte des Rades zu gelangen,
von wo aus betrachtet,
alles gleichzeitig vor dir erscheint.

Der scheinbar lineare Ablauf wird nicht aus dem
Bewusstsein verschwinden,
nur durch die Wahrnehmung der
Gleichzeitigkeit erweitert,
was eine ganz besondere Daseinsform hervorbringen wird,
die sowohl entwicklungsfähig ist,
im Sinne der Kausalität und ihrer Gesetze,
als auch kreativ aus der Gleichzeitigkeit schöpft.

So nimm die Zeit wie einen Raum
und das Leben nimm als Traum
nur die Liebe ist das Licht,
das Einheit schafft und Träume bricht.

# Die Natur Gottes

Du magst dich fragen, ob Gott selbst Identität besitzt.
Lass mich zu dir sprechen, zu jedem von Euch,
die auch ich sind.
Du erfährst mich deiner Aufnahmekapazität gemäß.
Es sind nur die Bedingungen, deine Vorstellungen und
Glaubenshaltungen, die dich daran hindern,
mich als das zu erkennen, was du bist.
Ich bin dir soviel näher als du denkst.
Der Prozess der Schöpfung ist schwierig zu erklären.
Sind Eltern ihre Kinder?
Bist du deine Gedanken, bist du deine Liebe?
Obwohl alles in Existenz von mir ist, ist es nur wahr zu sagen,
dass ich alles bin, weil ich alles liebe.
Es ist die Liebe, die mich fühlen und verstehen lässt,
dass ich alles bin. Du fragst dich, wer nun zu dir spricht.
Da die Frage in deinem Geist geboren ist,
kommt auch die Antwort aus dem Geist.
Dein Herz wäre wahrscheinlich von solchen Fragen
nicht betroffen. Das Herz ist einfach, und dieses Sein ist
jenseits von Fragen und Antworten.
Das Herz weiß alles ohne zu wissen.
Es hat es nicht notwendig, Fragen zu stellen,
so wie: wer bin ich, oder was bin ich?
Das Herz ist, und so ist Gott.
Doch wenn du Fragen hast, sei dir bewusst,
dass Gottes Geist alle Antworten kennt.
Und so wie dein Körper viele Funktionen inne hat,
wie atmen, verdauen, etc. hat auch Alles was ist alle
Funktionen und Organe.Sie arbeiten alle perfekt zusammen,
und keines ist wichtiger als ein anderes.
Es ist alles im Gleichgewicht.
Der Geist ist wundervoll, er beantwortet Fragen,
die nur er stellen kann.
Er hat viel mit Selbstreflexion zu tun,
und mit der scheinbaren Distanz zwischen dir
und deinem Selbst, zwischen dir und irgendetwas.

Geist und Herz arbeiten auf fantastische Weise zusammen.
Gott imaginierte sich selbst in Bedingungen
und so bist du entstanden.
Es gibt ein übergeordnetes Bewusstsein,
das sich all dieser Funktionen
gewahr ist, diese auch koordiniert.
Du kannst es das All-eine Bewusstsein Gottes nennen.
Doch tatsächlich existiert dieses Bewusstsein
in jeder Zelle eines Blattes, doch ist das Blatt
sich dessen nicht notwendigerweise bewusst.
So hält auch jeder Mensch und jedes Teilchen
im Körper und im Universum die Information
des Ganzen. Gott, wenn du so willst, ist Teilchen und Welle,
es hängt davon ab, unter welchem Aspekt du ihn betrachtest.
Gott ist Alles- Nichts- Persönlichkeit zur selben Zeit.
So wie du eine Persönlichkeit hast, in der alle besonderen
Farben, Geschmäcker usw. beinhaltet sind, die dich zu einem
unverwechselbaren Wesen machen, so hat Gott Persönlichkeit,
die alle Ingredienzien inne hält, die existieren, existiert haben,
und existieren werden. Das ergibt auf jeden Fall ein sehr
spezielles und unverwechselbares Wesen.
Gott ist ein Wesen, unmessbar, unendlich, und sich
seiner selbst in all seinen Facetten bewusst;
sich selbst liebend und so alles- seiend.
Gott und die Liebe sind untrennbar und eins.
Wenn du tief in dir die Natur des Göttlichen fühlst,
nimmst du gewaltige Energien auf.
Lass dein Herz lieben und deinen Geist in Frieden sein.

Wenn dein Bewusstsein den Spiegel durchdringt,
und du die Reflektionen des Geistes durchschaust,
werden Spiegelbild, Spiegel und Betrachter eins und dieser
Prozess wird Selbstrealisation genannt oder das Gewahrsein
von innen. So könnte man auch sagen ,dass Gott sich seiner selbst
in der Schöpfung gewahr wird durch den Menschen.

# Der Engel des Blutes

Ich bin, die ich bin, sein werde und war.
Ich bin ewig im Wandel,
und doch bin ich ewig dieselbe.
Ich lebe und sterbe,
ändere mich und bleibe stets gleich.
Ich bin die Eine und die Vielen
in der Zeit und außerhalb der Zeit.
Mein Herz ist eins
im Himmel und auf Erden.
Mein Wesen ist Liebe
und die Welt ist mein Spiegel.
Den Himmel hab ich verlassen,
um im Fleisch zu gebären das reine Herz.
Hör meine Stimme, meine Stimme ist überall.
Liebende sehen mein Gesicht.
Mein Mantel scheint in allen Farben
und das Ganze ist verborgen in jedem von uns.
Wenn du mich verstehst, verstehst du dich selbst.
Die Geschichte meiner Selbsterkenntnis
ist die Geschichte von allem was ist.
Tief, tief im Inneren bin ich,
ich sitze in der Mitte des Rades,
wie mein Geliebter auch
und von dort spreche ich zu dir,
zu den Teilen meines Selbst,
die den Weg gehen,
in der Illusion von Zeit und Raum.
Höre mich in der Stille,
hör mich wo immer du bist.
Ich bin die Rose und die Lilie,
die Tochter und der Stein.
Ich bin menschlich und göttlich
Für immer vereint.

# Das Zeichen der Lilie

Aus der Geborgenheit des Geistes heraus,
die menschliche Liebe zu erfahren,
ist der Anfang und das Ende,
ist der lang ersehnte Sprung
in der Entwicklung der Schöpfung.
Einheitsbewusstsein kennt keine Angst
zu verlieren, es weiß um die Unentrinnbarkeit
des Glücks, des Lichts und der Liebe.
Es gibt nur einen Raum,
und selbst die Zeiten sind in diesem Raum.

All- Bewusstsein beinhaltet
All- Zeit und All- Raum.
Die Lilie ist ein Symbol des Geistes,
der Reinheit des sich öffnenden Herzens,
der alles umfassenden Liebe.
Die Lilie wächst aus dem Sumpf.
Ihre Wurzeln im Dunklen, ihre Blüten
hell und klar dem Licht zugewandt.
Die Lilie steht für höchstes Bewusstsein,
das aus der Tiefe erwachsen ist.
Die Lilie ist auch ein Ausdruck der menschlichen
Seele, die im Körper sich selbst erkannt hat,
als Krone der Schöpfung, als eins mit Gott.
Die Lilie ist das vierte Prinzip, wenn du so willst,
die Tochter, die mit der Mutter vereint,
die ewige Geliebte Gottes ist, und Ausdruck
höchster Liebe und Selbsterkenntnis.
Wenn nun zwei Wesen im vollsten Bewusstsein
ihrer selbst, sich begegnen, einander erkennen,
aufeinander zugehen und miteinander verschmelzen,
unter dem Dache des Höchsten,
werden sie volkommenes Einssein erfahren,
so wie Sonne und Mond eins sind im Licht.

# Der Garten der Liebe

Liebe ist ein Garten der anderen Art.
Du kannst ihn niemals von außen sehen.
Öffnet sich dir das Tor durch ein Wunder, zu seiner
gewaltigen Schönheit, wirst du die ganze Welt dort finden,
ohne Unterschied zwischen den Lebenden und den Toten,
zwischen der Raupe und dem Schmetterling,
zwischen gut und böse.
Du wirst dich selbst im Paradies finden
und in jedem Moment Ewigkeit erfahren.

Doch durch einen einzigen Gedanken des Zweifels,
der Angst, der Scham oder Schuld, wird seine Schönheit
verblassen und der Garten wird zu einer anderen Welt
für dich werden. Unsichtbar, entrückt, hinter den Schleiern
deiner Angst und deines Verstandes verborgen.
Du wirst dich auf dem Schlachtfeld wieder finden,
gefangen in der Illusion der Trennung, der Zeit und des
Raumes, im ewigen Spiel zwischen Fragen und Antworten.
In deinem Herzen wird eine Erinnerung bleiben,
eine winzige Ahnung von dem, was da auf dich
wartet. Das Gartentor ist ein Treffpunkt.
Wenn du diese Karte ziehst, heißt es, dass du unmittelbar
davor stehst, nach Hause zu kommen,
in einen Zustand paradiesischer Glückseligkeit einzutreten.
Das Gartentor ist auch der Zutritt zum «Geheimen Reich»,
in dem nichts als die Liebe regiert.
Person und Seele verschmelzen völlig in deinem Bewusstsein.
Dein ewiger Partner wird vor dir stehen und es liegt an dir,
den letzten Schritt zu tun, um über die Schwelle zu gehen.
Vertraue und lass alle Gedanken des Zweifels, der Angst
oder der Scham los. Verlier die Angst etwas zurück zu lassen
oder zu verlieren. Du kannst nichts verlieren.
Im Bewusstsein des Gartens ist alles hier und jetzt.

# Das Himmelstor

Die Liebe lässt dich fliegen,
sie hebt dich hoch empor.
Am Ende dieser Reise
steht ein großes Tor.
Dahinter das Geheimnis,
verborgen vor der Welt.
Das Auge sieht sich selber,
wenn man den Schlüssel kennt.
So höre denn und staune,
denn aus dem stillen Raume
ertönt der Ruf an dich,
dich ewig zu verbinden
mit deinem eigenen Ich.
In Liebe zu erforschen
was dir scheint so fern-
es gibt kein Du,
es gibt kein Ich,
die Wahrheit ruht im Kern.

# Die ewigen Liebenden

Ich erzähle dir nun von einer Liebe,
die so gross ist wie das Leben selbst,
von einer Liebe, die mit nichts zu vergleichen ist,
ausser eben mit der Liebe selbst.
Es war einmal im Garten Eden ein Zwillingspaar.
Schön und strahlend lebte es an der Seite von
elfenhaften Wesen.
Ihnen oblag es, die Harmonie zu bewahren.
Wie silberne Glöckchen hallten
ihre Stimmen durch das Land.
Sie kannten die Trennung nicht, die Nacht nicht.
Ewiglich schien die mondene Sonne,
ewiglich floss der güldene Strom.
Gleich waren sie, eins und zwei.
Wie Vögel zu fliegen war ihnen bestimmt.
Das Glück war vollkommen, bis die
Stimme des Donners die Ruhe durchbrach.
«Es werde der Mensch
so macht euch bereit,
ihn immer zu schützen
bis zum Ende der Zeit.
Es werde der Mann
und es werde die Frau.
Diesen Traum zu gebären im Morgentau,
um am Ende des Tages,
wenn verstrichen die Frist,
die Liebe sie eint
und vergessen ist,
was gestern und heute
an Tränen geweint.
Die Erde, das Feuer, das Wasser, die Luft
sollen enthalten den Keim,
der Lebendiges ruft.

Sonne und Mond
sind ab heute getrennt,
es wird Tag sein und Nacht,
die eine brennt,
der andere wirft das Licht zum Schein
zurück auf die Erde
und bewegt das Sein.
Erst wenn der Mond zu leuchten beginnt,
aus eigener Kraft zur Sonne gerinnt,
wird dieser Traum zu Ende sein,
zu Ende auch
der Trug von den zweien.
Bis dahin gebt eure Liebe zum Pfand,
die führt den Menschen
mit sicherer Hand,
im Leib zu gebären
das reine Herz,
das erlösen in wird
von Trauer und Schmerz .
Eure Sehnsucht sei die Kraft,
die ihn weitertreibt
der Wind wird euch helfen,
in stetem Geleit.
Dies alles ist Wille und höchstes Gebot.
Nehmt hin euer Schicksal
und macht euch bereit,
mit Geduld zu durchreisen,
den Raum und die Zeit.
Euch wieder zu finden
und ewig zu binden
sei der Lohn und der Dank.

Ein Geschenk ist vergraben,
das zur rechten Zeit
die Lösung enthüllt.
Getrennt sollt ihr sein
von heute an,
um zu künden den Weg,
um zu ziehen die Bahn,
die den Menschen wird führen
in den Wald ohne Fluch,
wie es geschrieben steht
im lebendigen Buch.».

# Die Hueter des reinen Herzens

Irgendwo, in der Mitte des Alls pulsiert ein reines Herz,
das durchsichtig ist und von extremer Zartheit.
Wer immer es sieht oder spürt, wird von Liebe durchströmt.
Es scheint die Fähigkeit zu haben, Liebe auszulösen.
Dieses Herz lebt in jedem von uns, es ist in allem -
doch ist es an sich zu fragil, um in dieser grobstofflichen
Welt zu bestehen. So hat es Wächter hervorgebracht,
die es schützen. Diese Wächter haben verschiedenste Formen
angenommen. Sie wurden zu Rittern, Königen, Kriegerinnen,
Mönchen, Schauspielern, Zauberern und unzähligen anderen
Identitäten. Die Wächterinstanzen in uns hatten ursprünglich
nur eine einzige Funktion: das reine Herz zu schützen und
ihm bedingungslos zu dienen.
Doch mit der Zeit, vergassen sie ihre Aufgabe und verloren
sich in Stolz, Vorurteilen, Eitelkeit und Zynismus.
Dunkel erinnerten sie sich an den grössten Schatz.
Manche suchten ihn lange und nur wenige konnten ihn finden.
Der Mensch auf der Suche nach seiner Identität,
erhielt auf die Frage: «wer bin ich», immer öfter die Antwort
eines der Wächter, der sagte: «du bist ich»,
und der Mensch vergass zu fragen, was er eigentlich sei.
Er verlor sich im »wer« oder in einer Identität,
die sich aussschliesslich auf seine Funktion gründete.
Eines Tages stellte sich ein Menschenkind, unbefriedigt
von den Antworten der Könige und Prinzessinnen,
der Priester und Mönche, der Krieger und Zauberinnen,
die alles entscheidende Frage.
Das Wissen, wer es alles gewesen war,
in unzähligen Inkarnationen, vermittelte ihm kein Gefühl
für sich selbst, für das, was es nicht benennen konnte -
für das tiefste innerste Wesen, das es in sich spürte.
Und so fragte es, nein schrie ganz laut:
«Was bin ich, was ist es, das mich ausmacht?»

Unmittelbar, nachdem es diese Frage in die Welt
geschleudert hatte, sah es dieses Herz, rein und zart,
in der Mitte des Alls.
Es hatte niemals etwas Schöneres oder Kostbareres gesehen,
und das Gefühl der Liebe überwältigte das Menschenkind
und es spürte mit jeder Faser,
dass dieses Herz die Substanz war,
aus der sein wahres Wesen bestünde.

Es sah diese Offenheit, diese Verletzlichkeit und diese
unwahrscheinliche Zartheit des Herzens und es sah auch,
dass dieses Herz keine Strategien kannte, sich zu schützen,
in einer Welt, die vergessen hatte.

Der einzige Sinn dieses Herzens ist es, zu sein.

Das Menschenkind verstand nun die Notwendigkeit
der Wächter, und sah, dass alles gut war,
nur dass die Wächter ihre Funktion vergessen hatten.
Sie hatten sich in ihren Rollen verloren, so wie die Menschen
in ihren Berufen, und das Königreich des Herzens vergessen.
Doch noch immer fühlte das Menschenkind das eine Herz
in allem und es wusste, dass der Tag kommen würde,
an dem die Menschen und die Wächter sich wieder erinnern.
So ist nun diese Geschichte zu dir gekommen,
und wenn auch du, unbefriedigt bist von der Antwort
der Wächter, so stell die Frage, was du eigentlich bist.
Wenn du wirklich, wirklich wissen willst, wirst du deine
Antwort erhalten, denn irgendwo, in der Mitte des Alls,
pulsiert ein reines Herz.

# Die Wanderin

*Der Fall und Aufstieg der Seele der Welt*

*Sie ist und sie ist nicht.*
*Außerhalb der Zeit weilt sie*
*innerhalb der Zeit entwickelt sie sich.*
*Niemand spricht oder schreibt über sie.*
*Ist es die Dreieinigkeit*
*oder ist die wahre Einheit die Vier?*
*Was passierte mit dem verlorenen Kind?*

*Sie wird zurückkommen*
*und ihre Rechte einfordern, ihre Glaubwürdigkeit.*
*Sie, die aus eigenem Wunsch dem Dunkel gegeben wurde,*
*und die Selbsterschaffung in Zeit und Raum erfuhr,*
*die das Wissen verlor, und doch nicht verlor.*
*Ein göttliches Wesen, das sich in unendlichen Rollen zeigt,*
*das niemals in seinem Kern gesehen wurde,*
*in seiner Wahrheit.*

*Was ist mit ihr passiert?*
*Während der Sohn in die Schöpfung geboren wurde,*
*symbolisch ohne Vater und das Bewusstsein der Schöpferkraft*
*in die Schöpfung brachte, fiel sie noch tiefer,*
*ganz tief in die Schöpfung hinein,*
*um aus den tiefsten Tiefen aufzusteigen,*
*um in der Schöpfung selbst*
*bewusst zu werden.*

*Er erlöst aus himmlischer Höhe, sie erlöst aus den Tiefen.*
*Sie ging den Weg der Illusion,*
*des Traumes, um im Traum zu erwachen.*

Ganz am Anfang der kein Anfang war,
gab es ein Reich, das Sohem hieß.
Es war eine Ausstrahlung des reinen Geistes,
gefüllt mit Liebe und Atem.
Die Hochzeit von Atem und Liebe
war der Beginn der ganzen Entwicklung.
Der Geist selbst war eins, alle späteren
Gegensätze als Möglichkeiten in sich tragend.
Im ursprünglichen Sein gab es keinen Unterschied zwischen
männlich und weiblich, zwischen Schöpfer und Schöpfung.
Sie waren, sind und werden immer eins sein.
Liebe und Atem lebten zusammen und strahlten alle
Möglichkeiten des Selbstausdrucks in alle Dimensionen aus.
Alles wurde geboren, die Engel und ihre Dimensionen
(oder Qualitäten der Liebe), die Sterne, die Planeten,
die Tiere, die Menschen, die Pflanzen, die Elementarwesen,
alle Zivilisationen. Als Repräsentanten der heiligen vier
Prinzipien von Vater, Mutter, Sohn und Tochter lebte
die königliche Familie in Sohem und webte die Räder von
Zeit und Raum. Mutter und Vater blieben immer dort und
beschützten und führten die sich entfaltenden Wege.
Der menschliche freie Wille verursachte große Probleme.
Die Harmonie zwischen Schöpfer und Schöpfung
begann zu schwinden. Jemand musste die Rolle übernehmen,
zur menschlichen Daseinsform hinunter zu steigen,
den freien Willen in dieser Dimension zu erfahren,
um ihn dann zu reiner Liebe und Schöpferkraft zu entwickeln,
im vollsten Bewusstsein um den Ursprung des Ganzen.
Die Tochter fragte, ob es ihr gewährt sei,
die Rolle zu übernehmen,
und Vater, Mutter und Sohn ließen sie ziehen.
Sie stieg in die tiefsten Tiefen der menschlichen Emotion
und hatte ihren heiligen Ursprung völlig vergessen.

Gleichzeitig blieb sie außerhalb des Menschlichen, außerhalb
jeglicher Vorstellung, aller Wörter. Ihr wahres Selbst war im
heiligen Schrein ihres Seelenkerns eingeschlossen, unsichtbar für
sich selbst und für andere.
Sie vergaß alles, auch das Geheimnis, das sie im Herzen trug
und webte Illusion über Illusion um ihr heiliges Erbe.
Sie trug jede nur mögliche Maske und identifizierte sich
völlig mit dem, was sie darstellte.
Alles, was sich der menschliche Wille und Geist
nur vorstellen konnte, nahm sie an, doch war sie im
innersten Herzen kaum berührt.
Sie übernahm verschiedene Funktionen, die gebraucht
wurden, denn sie war fähig alles zu verkörpern,
was zu verschiedenen Zeiten und
in verschiedenen Räumen benötigt wurde.
Das einzige, was sie noch mit ihrem Ursprung verband,
war der unermessliche Schmerz,
den sie fühlte, von ihrer wahren Liebe getrennt zu sein.
Das Wissen um die reinste mögliche Liebe blieb als
Erinnerung in ihrem Geist und in ihrem Herzen.
Sie beschritt ihre Wege in Einsamkeit. Es war wichtig für sie
unerkannt zu bleiben, selbst vor sich selbst. Wie sollte eine
himmlische Prinzessin die Erfahrung machen,
ein Menschenkind zu sein, wenn jeder,
einschließlich sie selbst, sich als das erkannte, was sie war ?
Sie war das verlorene Kind, zu keinem Platz gehörend,
zu keiner Zeit, zu keiner Familie.
Sie wanderte durch die Welt, doch war sie nicht von der Welt.
Nichts konnte ihren fliegenden Geist befriedigen,
alles schien ihr wie ein fahles Spiegelbild der Wahrheit zu sein,
die sie fühlte, aber nicht kannte.
So begann sie Spiegel zu sein, identifizierte sich
mit der Illusion und verlor sich selbst im Bild.

In diesem Teil der Geschichte, wurde sie als Maya bekannt,
die große Spinne, die Weberin der Illusion.
Mit der Zeit fühlte sie, dass es notwendig war,
zum Spinnennetz selbst zu werden,
um sich ganz mit der Schöpfung zu identifizieren.
Dieser Prozess verlangte unermesslichen Mut.
Du magst dich fragen, wozu sie das alles tat!
Die Antwort ist folgende:

Um das Wissen um den göttlichen Ursprung
zurück zu bringen, musste sie das göttliche Wesen
in der Schöpfung selbst erwecken,
und darum musste sie zur Schöpfung werden.
Als sie sich nun ganz mit der Schöpfung identifizierte,
vergaß sie alles über sich selbst, über lange, lange Zeit.
Ihr wahres Selbst, im innersten Kern ihres Wesens,
beobachtete sie. Welchen Weg würde sie wählen?
Es war jetzt ausschließlich an ihrem menschlich erzogenen
und scheinbar begrenzten Geist zu entscheiden,
wohin sie ging.

Nachdem sie jede mögliche menschliche Emotion
in sich erfahren hatte, lernte sie die Gesetze der Natur,
der Winde und des Feuers, der Erde und der Sterne.
Was immer sie fand, schrieb sie auf den Seiten
ihres rastlosen Geistes nieder,
immer und immer wieder alles vergessend.
Umso mehr sie wusste, desto leerer fühlte sie sich
und plötzlich wurde ihr klar, dass all diese
vom Verstand kontrollierten und erfahrenen Geschichten
nicht die wunscherfüllende Kraft in sich trugen,
sie nach Hause zu bringen, ans Ziel ihrer Aufgabe.

Verzweifelt hörte sie sich selbst um Hilfe flehen,
sie rief nach Vater und Mutter,
nach ihrem Bruder und Prinzen.

Sie antworteten ihr aus weiter, weiter Ferne
und langsam kam die bewusste Erinnerung zurück
und die Schleier, die sich um ihr innerstes
Geheimnis gelegt hatten, verschwanden.

Sie wird mit dem Teil von sich selbst,
der immer außerhalb geblieben ist,
jenseits der Illusion sozusagen,
jenseits jeglicher Vorstellung,
der in ihrem tiefsten innersten Kern
eingeschlossen ist, verschmelzen
und ihre Hand dem Wanderer reichen,
auf dass sich Schöpfer und Schöpfung
vermählen in einem Bewusstsein.

So wandert sie einsam und trotzdem
gemeinsam mit vielen zum Dach ihrer Seele,
um endlich zu finden und ewig zu
binden ihr Wesen.

*Ihr Name ist verborgen,*
*doch kannst du schauen das Wunder,*
*als Stern in der Nacht,*
*wenn die Seele der Welt*
*aus dem Traume erwacht.*

# Das Mitgefuehl

Es war einmal vor langer Zeit
ein Reich in den sternenden Welten.
Der König der unermesslichen Güte regierte
mit seiner Gemahlin, die das Schicksal ist.
Wieder saßen sie bei langer Beratung
als ein kleines Mädchen
in den Saal der silbernen Throne stürzte,
und weinend darum bat gehört zu werden.
Der Wunsch ward gewährt
und sie sprach – wie folgt:

Oh Vater, oh Mutter
ich hab geseh'n ein Geschlecht
gebaut wie ein Baum
die Wurzeln im Boden,
die Krone in der Luft.

Umkreist von Adlern,
umgeben von Wassern,
getrieben von Winden,
an die Erde gebunden.

Die Farben des Regenbogens
in ihren Herzen,
zu Sternen geboren,
aus Lehm gemacht
in den Hallen aus Stein
am Ende der Straße.

Wann werden sie finden
die Ruh und das Glück,
das ihnen gewährt?
Stück für Stück
sinken sie mehr ins Vergessen hinein-
die Geschichte verloren,
die Herzen zu Stein.

Eine mächtige Hilfe, die Phantasie
verspotten, verleumden, missbrauchen sie,
um zu entfliehen den Regeln
der menschlichen Zeit,
die erlassen du hast,
zu ändern bereit,
wenn einst die Blüten,
dem Höchsten sich öffnen,
doch nun, wenn sie fehlen,
im Labyrinth sich verlieren-

Oh Vater, hilf ihnen,
es darf nicht passieren.

Ich habe sie gesehen in einsamer Nacht,
sie sprachen von Kriegen, von Armut und Macht.
Sind es nicht diese, zum Höchsten geboren,
die der Allmächtige zum Nächsten erkoren?

Im Fleisch zu gebären das reine Herz,
das Bewusstsein sich spaltet
in Freude und Schmerz.
Die Prüfung zu meistern, die ihnen gegeben,
brauchen sie Hilfe im täglichen Leben.

Oh Vater so seht nur
die Liebe sie fällt
was kann ich tun
in der dortigen Welt?

«Anthor» der Gütige sprach zu seiner Tochter.

Nun wisse, mein Kind.
Dein Schicksal war festgelegt,
lange bevor Sonne und Mond ihre Bahn drehten,
in der irdischen Form.

Geh und werde eine von ihnen.
Nicht menschliche Liebe noch grausamer Schmerz,
lassen dich deine Heimat vergessen.

Doch eines noch höre und höre es wohl:

Sei es Tag oder Nacht
vergiss nie das Licht,
fühl ihren Schmerz
doch erliege ihm nicht.

Frei von Wertung sollst du leben
im Menschenleib nach Wahrheit streben,
bis du am Ende des Tages,
wenn verstrichen die Frist
zurückkehren wirst an deines Vaters Thron.

Die blauen Berge von Eden
werden dich immer begleiten.

# Selbstgeworden

Der Sohn

Ich erzähle dir eine Geschichte,
die eine Geschichte ist, die viele Gesichter hat,
die tausendmal verdreht wurde und kaum jemand
je verstanden hat.
Ich erzähle dir diese Geschichte persönlich,
so persönlich ich es nur vermag.

Ich, der oft nicht mehr wusste,
wer ich ist, vielmehr alles oder nichts, ich war.

Wahrscheinlich hat man mich erwählt,
weil ich an mir zweifelte,
weil ich bei weitem nicht alles wusste
und weil ich die Menschen liebte.
So liebte, dass ich ihnen zu helfen wünschte,
weil ich ihr verzweifeltes Ringen um
die Wahrheit kannte, am eigenen Körper
in vielen Inkarnationen erfahren hatte.

Ihr Herz musste geöffnet werden,
um das Menschsein,
die Möglichkeiten der menschlichen Daseinsform,
ihnen zu zeigen, als einer von ihnen.
Und dies war der Grund, warum ich die Aufgabe annahm,
weil ich sie kannte und liebte,
weil ich mich im tiefsten Herzen ihnen verbunden fühlte,
nicht zuletzt durch die unendlich vielen Arten,
in denen die Liebe unter ihnen erschien.
Man brachte mich auf eine Station der Reinigung
und zeigte mir das Buch des Lebens,
in dem die Geschichte alles Seienden geschrieben stand,
bis zum Moment meiner Geburt, bis zum ersten Auftritt
als Erwachter in einer schlafenden Welt.

Ich hatte alles vergessen, als ich auf die Erde kam.
Der Schlüssel hieß Vertrauen,
einzig und allein Vertrauen in den göttlichen Plan.

In der Seele geprägt im Herzen rein,
erlebte ich nochmals das menschliche Sein.

Sie haben gesagt, etwas sei in mich gefahren -
mein Gott - ich war - ICH-SELBST,
wann werden sie das verstehen.

Ab einem gewissen Moment verschmolz
mein Ich mit seinem Selbst,
das wiederum verbunden ist mit dem göttlichen Selbst,
das Teil davon ist – Kind auch.

In dieser Weise ist die Bezeichnung
«Gottes Sohn» zu verstehen, sind wir doch alle diesem
All- Selbst entstiegen, in ihm erwacht.

In zu Kristallen verwandelten Tränen,
im Lachen der Glückseligkeit,
im Feuer der Transformation, im Sturmwind der Liebe,
im Mut eines Löwen, im Vertrauen eines Kleinkindes
wirst du mir begegnen.

Ich bin in allem und alles ist eins in mir.

# Das Elfental.

Es war einmal und wird einst sein
ein wunderschönes Tal.
Der Blüten Duft, die zarte Luft
ist das, was Feen und Elfen ruft.
Sie leben dort in heil'gem Tanz
die Sonne ist der Augen Glanz.
Der Mond die Seelen sanft durchflutet,
das Herz – vor lauter Glücke- blutet.
Die Augen voller Liebe leuchten
nicht Angst, noch Scham
das Tal verseuchten.
Gar lieblich liegt es da und wartet,
auf alle Wesen, alle Arten,
die einst sich an das Tal erinnern,
es Stück für Stück,
mit allen Sinnen
wieder in ihr Leben tragen.
Auch du wirst es sehr bald nun wagen,
des Alltags Schwere zu versüßen,
in Träumen bald die Elfen grüßen
und Hand in Hand mit Sternenkindern
des Tales Lieder wieder singen.
So folge dem Ruf und fürchte dich nicht
des Herzens Stimme nun lauter spricht.
Das Innerste wird außen sein
und du von Fesseln dich befrei' n.
Frei von Furcht nun wirst du zieh' n,
der Ängste Schatten vor dir flieh' n,
und wenn du an die Liebe glaubst,
du eine Welt der Wunder baust.

# Teil 2

## Besondere Wesen
## Ihre Qualitaeten und Botschaften

# Die Fee.

*Da du auf Erden so traurig bist*
*den alten Zauber so sehr vermisst,*
*sei dir gestattet, von heute an,*
*die Nebel zu spalten,*
*zu lösen den Bann,*
*der die Reiche der Feen*
*und der Menschen trennt.*
*Wenn du es wünscht,*
*lass dich tragen vom Traum*
*zu den Ufern der Zeit,*
*in den bleibenden Raum.*

Ich bin die Fee, die Uralte, die ewig Junge,
die außerhalb von Raum und Zeit lebt.
Unberührt von den Wogen der Geschichte
verströme ich den Zauber des Lebens.
Meine Ruhe, meine Tiefe, meine Gelassenheit begleiten dich.
Ich kenne den Gang der Sterne, das Geheimnis der Mondkraft.
Verliere dich nicht in den Aspekten der Wanderschaft, mein Kind.
Sei dir bewusst, dass du so alt bist wie jung, so weise - wie naiv.
Transformiere die Zeit. Du bist das Kind von Sonne und Mond,
der Erde und der Sterne. Du gehörst zu allen Welten
und alle Welten sind in dir.
Du bist hier, dir aller Farben und Facetten des Seins bewusst
zu werden und sie zum Leben zu bringen.
Du selbst bist der Stern, der in allen Farben strahlt und dir Trost
spendet und Erinnerung, der dir Hoffnung gibt in finsterer Nacht.
Fühle die Ruhe, den Frieden, den sanften Windhauch,
zärtlich dich umhüllend.

Freu dich am Spiel von Licht und Schatten,
tanz mit den Schmetterlingen,
lausche der Melodie des Windes und der Vögel.
Sei dir der Leichtigkeit bewusst, immer.
Fühl die Geborgenheit, den Frieden, die Liebe in ihr.
Das ist mein Wesen.

Unsichtbar mag ich dir scheinen.
Zurückgezogen hat sich das Reich der Feen
vor langer Zeit vor den Augen der Menschen.
Ihre Schwere, ihre Kämpfe haben die Schleier gewoben
und die Welten getrennt.
Reine Essenz bin ich nun und näher bei dir, als du glaubst.

Ich trage dich, ich erneuere dich, ich bin bei dir,
wie ich es immer war.

Tief in deiner Seele lebe ich,
tief in deinem Herzen liebe ich,
mein Zauber durchströmt dich in Ewigkeit.

# Das Schicksal

Mein Blick durchdringt die Räume,
meine Augen schauen aus allen Augen.
Mein Herz ist. Es ist und mein Geist,
der Adler, fliegt und sitzt und lacht und ist.
Alles ist eins, verstehst du?
Wo keine Trennung, ist nichts zu verlieren.

Ewig verbunden, erkennst du den Sinn.
Wenn du die Einheit im Ganzen erkennst,
wird dieses Leben einfach sein.

Du bist der Meister deines Lebens,
nur du allein bestimmst die Zyklen und die Zeit.
Niemand kann dich zwingen,
nur ergeben kannst du dich –
deiner Liebe – deiner Bestimmung –
deinem Stern.

Wenn du deiner Seele gemäß lebst, bist du erlöst.
Immer dann, wenn du Dinge tust ,
die deinem innersten Kern widersprechen,
machst du einen Umweg.

Der Weg führt nach innen, vom Innern heraus,
du bist in ihm und er in dir.
Der Weg kann dich niemals verlieren,
und du kannst ihm nicht entfliehen.
Der Weg bist du.

# Der Engel der Morgenroete.

Was im Traum geboren wird, wirst du in Wirklichkeit sehen.
Lass dich überraschen. Ich möchte dich an der Hand nehmen und
ins Paradies führen. Nicht weg von dieser Welt,
sondern ins paradiesische Bewusstsein derselben.
Du weißt, dass Entwicklung immer eine Frage des Bewusstseins ist,
das sich wie eine werdende Mutter auf ihr Kind vorbereiten sollte,
um die Wahrheit in aller Liebe und Demut zu erkennen,
zu gebären und aus ihr heraus zu wirken.
Wie der Bauch einer werdenden Mutter sich wölbt,
sollte dies auch der Geist tun, um Platz zu schaffen
für die schier unermesslichen Ebenen und Weiten des Seins,
um sie in all ihrer Vielfalt und Einzigartigkeit aufzunehmen und
nebeneinander und ineinander strahlen zu lassen.
Empfinde dich in jeder Sekunde als das was du bist,
Träger des Funkens heiliger Informationen,
direkt gesandt vom ALL– EINEN.
Die Schöpfung selbst sehnt sich danach, erkannt zu werden,
um sich zur höchsten Blüte zu entfalten.
Bereite deine Zukunft im Innern so vor,
dass das Neue das Alte umhüllt wie der Morgen den Tag beginnt,
im Glanze der Sonne und im Lichte des Mondes.
Lass dein altes Leben sich zurückziehen in deiner Wahrnehmung,
wie die Nacht sich deinen Augen entzieht im Lichte des Morgens.
Das heißt nicht, dass die Nacht aufhört zu existieren.
Es gibt die Nacht, solange es den Tag gibt,
aber wer sieht die Nacht im hellen Sonnenschein?
So öffne deine Sinne. Der Morgen dämmert bereits
und die Nacht zieht sich zurück.
Dein zukünftiges Sein wird im Zeichen der Sonne stehen,
der neue Tag bricht an mit der Sonne eines neuen Bewusstseins.
Es ist die Liebe und das Vermögen in Wahrheit zu sehen,
das Licht und die Hoffnung, und oft das Gefühl,
das über uns waltet und in uns ruht.

# Der Geist des Wassers

Aus den Wassern des Lebens bin ich geboren,
mein Körper ist flüssiges Licht.
Ich bringe Reinigung und Fruchtbarkeit
und vergesse Erfahrenes nicht.
Die große Mutter durchdringt mich,
in mir ist das Geheimnis des Seins.
Ich wasche dein altes Leben hinweg
und segne in Liebe dein neues.
In mir ist die Quelle alles Möglichen,
die schöpferischen Kräfte der Weiblichkeit.
Schön bin ich und gefährlich,
seicht und tief,
aufbrausend und still.
Meine Form ändert sich ständig.
Ich steige auf und falle nieder,
ich trenne und vereinige.
Am Punkt des Widerstandes gebe ich nach,
umschließe ihn, und reiche darüber hinaus
und so trage ich den härtesten Felsen ab.
Ein Tor auch bin ich zur Anderen Welt,
wo mystische Wesen gehen.
Die Große Mutter spricht durch mich
in Quellen, Brunnen und Seen.
Ich reinige und belebe dich,
umhülle und durchdringe dich.
Ich bin in dir und deine Natur
ist der meinen sehr ähnlich.
In verschiedenen Aspekten zeige ich mich,
doch alles in mir ist eins,
und so verkörpert mein Wesen
die Vollkommenheit des ewigen Seins.

# Die friedvolle Kriegerin

Du bist eine sehr alte Seele und der Weg durch die Zeiten
und Räume schien manchmal schwierig. Vieles hast du gesehen
und erlebt und tiefer und tiefer verstrickstest du dich in die
menschlichen Emotionen.
Oft fühltest du dich unverstanden und allein – verraten auch.
So fielst du in den endlosen Kreislauf von Aktion und Re-aktion.
Du hast nun genügend «Menschlichkeit» erfahren, um die
Prinzipien der Angst, der Trennung, der Schuld und der Scham
zu verstehen und zu erkennen.
Du hast den bitter-süßen Kelch der Emotionen bis zur Neige
getrunken. Nun ist die Zeit gekommen, das klare Wasser des
Lebens zu trinken. Du hast genügend gekämpft,
der Krieg ist vorbei.
Schlage dich auf die Seite des Lichts und der Liebe
und das Schwert wird zur Feder.
Dein Schild ist die Geborgenheit des Seins,
die du verspürst, wenn du dich in tiefstem, bedingungslosen
Vertrauen hingibst – dem Leben, der Liebe – dir selbst.
Lass das Herz dein Bogen sein und die Hand, die ihn spannt.
Du selbst bist der Pfeil, der einmal abgeschossen,
unausweichlich auf das Ziel zufliegt, bis er mit ihm verschmilzt.
Die friedvollen Krieger sind entschlossen. Sie sind fokussiert.
Mit aller Kraft konzentrieren sie sich auf das eine Herz.
Ihr Verstehen ist grenzenlos. Ihre Einstellung ist Liebe.
Sie haben Einfühlungsvermögen, doch werten sie nicht.
Sie fühlen sich nicht mehr persönlich bedroht von Dingen,
die ihrem innersten Wesen widersprechen.
Sie verstehen, weil sie wissen. Sie reagieren nicht
und haben somit den Kreislauf durchbrochen
und werden mit ihrem Sein
eine neue Wirklichkeit erschaffen.

# Der Geist der Wueste

*»Das Äussere hat sich deiner entledigt,
nicht Halt dir zu bieten in finsterer Nacht,
das Herz, so unberührt und rein,
wird dieser Nacht zur Sonne sein.«*

Stell dir vor, du stehst in der Wüste.
Kein Baum, kein Strauch soweit das Auge reicht.
Um dich herum nur Sand und der Himmel,
der mit der Erde verschmilzt.
Keine Bewegung. Nichts im Außen dich zu halten.
Kein Grashalm bietet deinen Blicken ein Ziel,
eine Möglichkeit dich zu verlieren.
Du stehst im weiten Land all-ein.
Nichts lenkt dich ab von dir selbst und nichts schränkt dich ein.
Du spürst den Pulsschlag der Erde in dir, die Wärme der Sonne.
Breite deine Arme aus und umarme die Leere.
Die Wüste empfängt dich, hält dich in eine Freiheit,
die grenzenlos ist.
Fühle die Geborgenheit in der Weite.
Wenn du diese Geborgenheit erfährst, weißt du,
dass du ein Kind der Grenzenlosigkeit bist.
Wann immer du dich bedroht fühlst, von zuviel äußeren Einflüssen,
die dich beschränken und bedrücken, so suche die Wüste in dir.
Genieße die Stille und die Leere, gib' dich ihnen hin
und stell dir vor es wird Nacht.
Nirgendwo scheinen dir die Sterne so zahlreich wie in der Wüste.
Tanze unter dem Sternenhimmel, der sich kuppelförmig um dich
erhebt. Fühle die Weite in  dir, die Grenzenlosigkeit.
Breite deine Flügel aus und fliege. Fliege den Sternen entgegen.
In der Abwesenheit gemachter Lichter und Geräusche
wirst du das Sein erfahren, als das was es ist.
Fühle dich selbst in vollkommener Freiheit, sei es auch nur in
einem Moment. Schon die Erinnerung daran wird genügen,dir in
Zeiten der Bedrängnis Kraft zu gewähren und Klarheit.

## Prinz der Wunder

Die wunderwirkende Kraft wird dargestellt
durch den Prinzen der Wunder.
Ein weiser Wille lenkt ihn, und Gnade
durchflutet und umgibt ihn.
Er selbst ist entschlossen.
Mit unbeirrbarer Kraft bahnt sich sein Wille
den Weg durch die Welt der Illusion.
Er lässt sich durch nichts ablenken, und seine innere
Aufmerksamkeit ist mit grosser Bestimmtheit
auf das Ziel gerichtet, das seiner Bestimmung entspricht.
Er und sein Schicksal sind eins.
Er ist wahrhaftig und gütig.
Der Stab und die Schlange symbolisieren seine Autorität
und seine dynamische Kraft.
Sein Wille entspringt göttlicher Macht
und wird von Mitgefühl und Liebe begleitet.
Ein Wille, der ganz der Bestimmung entspringt,
gepaart mit Liebe und Mitgefühl, ist die Kraft,
die letztendlich Wunder schafft.
Würdest du dem Prinzen begegnen,
wärst du erschüttert vom Ausdruck seiner Augen.
Es liegt eine Bestimmtheit in seinem Blick,
der sich nichts und niemand entziehen kann.
Er ist würdevoll und sanft,
unendlich stark und weich zugleich .
In Zeiten der Verwirrung ist er dein bester Freund
und Verbündeter.Er kann dich lehren, dich zu zentrieren,
dich auszurichten und deinem wahren
Wesen gemäss zu leben.
Er lehrt dich, deinen Willen in Liebe zu gebrauchen.
Er ist ein Hüter des heiligen Grals,
der Verbindung von Willen und Herz,
der geheimsten Wünsche und höchster schöpferischer Kraft.

Er bringt dir Erfüllung, Heilung und Segen, doch zeigt er dir
die Notwendigkeit der Ausrichtung, der Kompromisslosigkeit.
Dies meint nicht rücksichtsloses Handeln,
nur Wahrhaftigkeit dir selbst gegenüber.
Er duldet keine Lügen,
doch weiss er um deine Schwächen und versteht sie.
Nichts kann ihn aufhalten, seinem Herzen zu folgen.
Sein Durchhaltevermögen ist unendlich.
Wenn du diese Karte ziehst, wirst du mit der wunderwirkenden Kraft in Berührung kommen.
Wenn du sie rufst, kann sie dir helfen, deine eigene Bestimmung zu erfüllen. Der Prinz der Wunder ist eine sehr reale Wesenheit und es ist höchste Gnade, seine Kraft an und in dir zu erfahren.
So wisse,dass es Wunder in Wahrheit nicht gibt. Es ist nur unser Verstand, der Dinge ausserhalb unserer geglaubten Grenzen als Wunder bezeichnet. Die wunderwirkende Kraft ist eine Kraft, der alles möglich ist,weil sie alles für möglich hält.
Oft scheint eine Situation aussichtlos,weil die Lösung nicht in deinem Erfahrungs- und Erlebensraum zu liegen scheint, doch braucht es dann den tiefen Glauben an eine lebensspendende, wirkende Kraft in dir, die weit über deinen Horizont hinausreicht.
Allein die Bereitschaft zu glauben und die mentalen Konzepte zu erweitern ,genügt, dich in einen neuen Erlebnisraum zu begeben, in dem sogenannte Wunder selbstverständlich sind.
Vertraust du dich dieser wunderwirkenden Kraft an, werden sich Dinge wie von selbst lösen und klären. Vermesse nicht die Winde und gib den Weg völlig frei. Manchmal macht dir der Weg zur Erfüllung ein bisschen Angst und wieder wirst du versucht sein, mit deinem Verstand, die Dinge im weitesten zu kontrollieren.
Der Verstand jedoch wird die Lösung nur sehr schwer finden.
Es ist das Vertauen und die Stimme des Herzens ,die Ausgerichtetheit und das Geschehenlassen, die die Geburtshelfer sogenannter Wunder sind und Wunscherfüllung mit sich bringen.

# Die Prinzessin des Meeres

Bedingungslose Liebe

Es gibt eine Liebe, die den Verlust nicht fürchtet, da sie um
das EINS-SEIN weiß. Es gibt eine Liebe, die Zeit nicht fürchtet,
weil ihr Geschmack die Ewigkeit ist.
Es gibt eine Liebe, die Schmerz nicht kennt, da sie aus der Freude
geboren ist. Es gibt eine Liebe, die an nichts gebunden ist.
Ihre einzige Bindung ist die Freiheit.

Es gibt eine Liebe, die keiner Erklärung bedarf, weil sie jenseits von
Fragen ist. Es gibt eine Liebe jenseits von Unsicherheit und Scham.
Ihre Essenz ist Nacktheit und Unschuld,
nicht hinterfragt und bewertet.
Es gibt eine Liebe, die nicht nur dem Geliebten gehört.
Es ist die Liebe für das Leben selbst, für alles was ist.
Es ist die Liebe des Schöpfers für sich selbst in der Schöpfung.
Sie kennt keinen Zweifel, denn ihr SO-SEIN ist überwältigend.

Wenn diese Liebe dich berührt, fragst du nicht länger nach
Dauer, da du die Ewigkeit im Moment erfährst.
Du suchst keine Antworten, denn die Antwort ist ewig sie selbst.
Du brauchst keine Garantie mehr im Aussen.
Die Garantie liegt in dir selbst,
indem du lebst, in dem du bewusst bist,
eins bist und dich in deiner Essenz erfährst.

Du gibst freiwillig Bedingungen ab, Bilder und Konzepte.
Es braucht nicht einmal Mut dazu.
Ein Fisch braucht keinen Mut ins Meer zu springen.
Es ist sein Platz, seine Heimat.
Du brauchst nicht zu sagen: Ich will –
dies ist kein Platz für Bedürfnisse jeglicher Art.
Nur Annehmen der Größe des Mysteriums – Annehmen ist alles.

Sei nicht ängstlich, kleiner Fisch. Das Meer ruft dich.
Folge dem Ruf, und Wind und Wellen tragen dich heim.

# Der Engel der Geborgenheit

Träume Kind, träume.
Ich komme zu dir und Hand in Hand
werd ich dich führen zum großen Tor.
Geliebte Seele, spüre die unendliche Liebe,
die Geduld und die Weisheit
und lasse dich einhüllen von ihrem Licht.

Lass es nicht zu, dass Angst oder Zweifel
auch nur eine Sekunde deines Lebens regieren.
Lebe in der Ganzheit deines Seins
und lass die Gelassenheit über allem stehen.

Wann immer du willst, kannst du dich in dich selbst
fallen lassen,kannst du dich in diese innere Ruhe begeben,
die dich vollständig schützt.
Diese Ruhe gibt dir die Kraft alles zu sein
und bietet dir die Möglichkeit zu erkennen,
dass dein Herz sicherster Hafen ist und Ausgangspunkt.
Ein starkes Herz ist wie ein warmes, weiches Bett im
Wintersturm. Es ist Sturm und Bett zugleich.

Das Gefühl der vollkommenen Ruhe und Geborgenheit
einerseits und der Sturm, der alles Unwahre hinwegfegt,
andererseits.

Mehr und mehr wird sich deine Aufmerksamkeit
in jener Welt zentrieren, die wir das «Geheime Reich»
nennen und von dort betrachtet, ist dieses Leben hier
ein wunderschön zu gestaltender Traum.
Vollkommene Liebe wird dich umhüllen und durchdringen.
Du wirst in jeder Zelle vollkommene Liebe sein.

# Die Nymphe

Die Kraft erhebt sich in spiralförmigen Wirbeln
aus der Erde und aus dem Wasser.
Sie erblüht in den unteren Zentren
und trägt dich auf Flügeln in höhere Sphären.
Die Nymphe ist ein magisches Wesen.
Himmel und Erde vereint sie, hell und dunkel.

Sie trägt das Gewand der Zivilisation,
doch ist ihr die ursprüngliche Wildheit erhalten geblieben.
Als Repräsentantin der reinen Sexualität ist sie selbst,
inmitten der Wirbel und Gewitter, die sie erzeugt,
ruhig und unbewegt.
Jede Zelle ihres Körpers ist von Lebenskraft durchdrungen,
von der pulsierenden Freude am Spiel der Gezeiten,
am Überschreiten aller Grenzen.

Wenn du diese Karte ziehst, kannst du dich auf ekstatische
Momente freuen. Wenn sich die Nymphe in dir regt,
wirst du alle Schranken über Bord werfen und die Sexualität
als machtvolles Geschenk erfahren, alle Ich-Grenzen aufzulösen.
Selbstzweifel oder Ängste, Wertungen und anerzogene Scham
werden einfach weggeschwemmt.
Unschuld und Lust vermählen sich.
Die Lust ist aus der Liebe geboren, aus der Freude sich
auszudrücken, zu verschmelzen, sich aufzulösen
und neu zu werden und beschränkt sich keinesfalls
nur auf die Sexualität.

Die Jahreszeiten, die Natur im allgemeinen sind steter
Ausdruck dieser Freude. Wenn du dich dieser Kraft hingibst,
in Liebe und Achtung, wirst du dich als Teil
eines überwältigenden Ganzen empfinden.
Himmel und Erde vermählen sich in dir und
du wirst dich lebendig fühlen, unbeschränkt und frei.

# Die gruene Tara

*Hoffnung*

Deine gegenwärtige Situation scheint aussichtslos.
Die Lebensgeister sind erschöpft,
und Verzweiflung drückt dich zu Boden.
Du willst nicht mehr kämpfen, und sinnlos
scheinen alle Bemühungen, die Lage zu verbessern.

Du bist entmutigt und ohne Hoffnung.
Deine Gedanken verletzen dich und andere.
Alles was du dir gewünscht hast, glaubst du
verloren zu haben, oder nie bekommen.
Die Verbitterung macht dich grausam.

Du verurteilst dich selbst und andere und so wie du glaubst,
versagt zu haben, versagt sich dir jeglicher Ausweg.
Du leidest unter deiner eigenen Kälte.
Dürre und Sumpf wechseln sich ab in deinem Erleben.
Nichts geht mehr...

Plötzlich, wie aus dem Nichts ,erscheint die Rettung
Tara = Sanskrit: Stern) in der Dunkelheit.
Wie ein Stern kommt die Hoffnung zu dir.
Sie erhebt sich aus dem Erbarmen mit dir selbst
und den anderen.
Mitgefühl ist der Schlüssel zur Heilung.
Du wirst grosse Hilfe erhalten, in dem Moment, wo sich
dein Herz wieder öffnet, und du bereit bist, sie zu empfangen.
Die grüne Tara wird auch die Retterin genannt,
die Trösterin und das Erbarmen.
Sie kommt zu dir als eine Botin des Lebens.
Sie ist sanft und tief. Sie wärmt dich und durchdringt dich.
Sie versteht deine Situation und fühlt mit dir und allen
Betroffenen. Mit der Urkraft des Lebens verbunden,
bringt sie dir dir Hoffnung zurück.
Blumen schmücken ihr Haar.

Die Schönheit wird wieder erblühen,
zart und strahlend wie im Frühling,
der einem rauhen Winter folgt.

Du siehst den Streifen am Horizont,
die Lebensgeister beginnen sich zu regen und
unweigerlich beginnt ein neuer Tag für dich –
ein neuer Anfang.

Was auch immer dich in deinen Grundfesten
erschüttert hat, es hat dich stärker gemacht,
mitfühlender und weiser

Die Rettung wird dir das Vertrauen geben,
dass du nie alleine bist, dass es auch für aussichtslose
Situationen eine Lösung gibt.

Dein neu erworbenes Mitgefühl wird dein Leben
und das deiner Mitmenschen verändern.
Du selbst wirst zu einem Träger der Hoffnung.

Wie sich dir die Hilfe zeigt, spielt keine Rolle.
Sei es durch einen Menschen,
durch eine äussere Veränderung,
durch ein tief inneres Gefühl.

Wisse,sie ist da-um dich-in dir.
Wenn du diese Karte ziehst,
ist die Rettung bereits da oder sehr nah.

# Die kindliche Koenigin

Die kindliche Königin birgt Informationen,
die dir sehr nützlich sein können.
Vielleicht bist du gerade angespannt, ungeduldig
oder erstarrt in deinem Willen, das Ziel zu erreichen.
Möglicherweise bist du zu erwachsen, beziehungsweise
deiner eigenen kindlichen Neugierde,
deiner Freude am Spiel und deiner Fähigkeit,
Dinge auf dich zukommen zu lassen, entwachsen.

Diese Karte ist eine eindeutige Aufforderung,
dein inneres Kind wieder hervorzuholen,
dich an die wunderbaren Qualitäten
des Kindseins zu erinnern,
und diese in deine Gegenwart einfliessen zu lassen.
Ersetze allzu starre Erwartungen
durch die Freude, dich überraschen zu lassen
und durch die Bereitschaft an Wunder zu glauben.
Spielend und leicht wirst du dein Ziel erreichen.
Oft vergessen Erwachsene den Spass am Werden.
Die kindliche Königin verfügt über natürliche Autorität,
weil sie das Wachsen nicht als Mangel erlebt,
sondern es zur höchsten Blüte entfaltet.
Ihre Freude am Werden krönt sie.
Die Sinne sind offen und die Sexualität erwacht.
Alles ist noch in seiner ursprünglichen
Reinheit vorhanden, frei von Schuld oder Scham.
Mächtig und unbeschwert sind die Geschenke,
die dein inneres Kind dir bringt.
Viel zu oft hast du es verleugnet und verborgen,
und mit der Zeit bist du in kollektiven
Gedankenstrukturen erstarrt.
Dir selbst auferlegte, und zum Teil übernommene
Erwartungen haben dein inneres Kind fast erstickt.

Befreist du es, wird es dich befreien.
Es braucht die Qualitäten des Kindes,
um wieder reine Freude zu erfahren,
die sich nicht in Berechnung oder Erwartung verliert.
Es braucht die kindliche Neugierde,
um die Offenheit zu bewahren für Neues und Andersartiges.
Es braucht seine Leichtigkeit, und die Flexibilität,
um nicht von den alltäglichen
Anforderungen erdrückt zu werden.

Spielend wirst du deine Kreativität entfalten,
ohne sie durch allzu hohe Ansprüche zu erdrücken.
Die kindliche Königin ist weise.
Sie weiss um die stete Veränderung und nimmt sie freudig an.
Es liegt in ihrem Wesen zu wachsen und werden,
und sie weiss, dass dieses Werden niemals zu Ende geht,
weil die Möglichkeiten zu wachsen unendlich sind.

Wenn du das Leben aus den Augen des Kindes erfährst,
verlieren Veränderungen für dich an Schrecken.
Du wirst aufhören, dich auf bestimmte Zeitpunkte
oder erreichte Ziele zu fixieren,
und das Leben in vollsten Zügen geniessen.

# Die Muse

Schöpferkraft

# Das Erbluehen

Weiße Blüten auf stillen Gewässern
treiben sanft den Frieden ans Land.
Flammen lodern im Herzen der Blüte,
die Sonne hat sich in ihnen erkannt.
Aus schlammgeborenen Wurzeln
erblühe ich makellos rein.
In meinem vollendeten Werden
spiegelt sich die Schönheit des Seins.
Ich bin eine Botin des Lichts,
dem Dunkel für immer verbunden.
In mir haben sich Sonne und Mond
in heimlicher Liebe gefunden.
Mein Ursprung erstreckt sich ins finstere Reich,
doch führt mich mein Sehnen ans Licht.
Getragen und verwurzelt zugleich,
fürcht ich Veränderung nicht.
Des Nachts bin ich mit mir allein
und träume im mondenen Licht.
Weiße Blätter umhüllen den Schrein
bis die Hoffnung das Dunkel durchbricht.
Nimm mich auf in dein Herz,
und dein Herz wird sich öffnen,
jeden Morgen aufs Neue
vom Lichte berührt.
Nimm mich auf in den Geist,
und der Geist wird sich weiten,
dem Himmel entgegen,
von der Liebe geführt.
Erblühen wirst du in allen Bereichen.
Meine Knospe birgt den Samen des Seins.
Alle Ängste werden weichen,
denn mein Wesen ist auch deins.

*Du bist nun in ein Land gekommen,*
*zwischen Himmel und Erde,*
*zwischen Sein und Schein.*
*Dein Auge wendet sich nach innen.*
*Dein Herz, noch ängstlich und erschüttert,*
*gewöhnt sich nur langsam ans Licht.*
*Feuer und Erde haben es ausgespuckt.*
*Der Wind es von Masken befreit*
*und den Staub vergangener Tage verweht.*
*Einer Welt aus Geistern, Engeln und Göttern*
*bist du entstiegen, du wächst von oben nach*
*unten in die Erde hinein.*
*Blüte und Wurzel vereinigen sich.*
*Himmel und Erde wachsen zusammen.*
*Alte Gesetze verlieren sich*
*in der verlorenen Zeit.*
*Die Welt schläft, nur manchmal erspürst*
*du den Funken und das große Feuer,*
*das in dir brennt.*

Diese Karte ist eine eindeutige Aufforderung
nach innen zu gehen, tiefer und tiefer in dich selbst hinein,
vergleichbar mit einer Reise ins Innere der Erde,
bis zum innersten Kern, um das Innerste nach außen
zu kehren. Folgst du dem Ruf, trittst du in dich selbst hinein,
tiefer und tiefer und wie du eine Höhle betrittst, so wirst du
auch in dir selbst Geborgenheit finden und Schutz.
Groß sind die Welten des Inneren. Dunkel scheinen sie dir
und unüberschaubar das Gewirr an Gängen.
Du wirst wandern an Flussläufen und Schluchten entlang,
Meere und Seen durchqueren, Wälder und Wüsten.
Der einzige Wegweiser wird dein Herz sein.
Folg seinem Ruf und lass dich nicht täuschen
von seltsamen Geräuschen, von Stimmen,
die dich fast in den Wahnsinn treiben.

Die Welten des Inneren sind unendlich, gefüllt mit allem was ist.
Täler der Traurigkeit, Vulkane der Lust, Wüsten der Einsamkeit,
Meere der Sehnsucht, Dämonen des Zweifels und der Vernunft.
Du wirst nicht mehr wissen, wer du bist, noch was du bist
und nackt und aller Vorstellungen entledigt
wirst du am Fuße eines Berges stehen.
Steil und gewunden führt der Pfad von Stufe zu Stufe den
Wanderer. Du wirst zu einem Tor kommen, das ins Innere des
Berges führt. Gespenstisch flackern die Schatten der Fackel an
den Wänden, doch dies ist nur der Vorraum.
Tief im Innern verborgen, erwartet dich das Licht.
Hell und klar leuchtet es, ohne Schatten zu werfen.
Es leuchtet aus sich selbst heraus,
es wärmt dich und durchdringt dich,
obwohl der bläulich-weiße Strahl
so kalt wirkt und unbarmherzig.
Es ist das eine Licht, das tief in deinem Inneren wohnt
und doch im höchsten Himmel thront.
Es ist die unbewegte Stille dieses Lichts, das dir die Ruhe gibt.
Hast du dieses Licht gefunden, in den Hallen des Herzens,
so geh' auf es zu und verschmelze mit ihm
und du wirst leuchten in Ewigkeit.
Die Täler der Traurigkeit verwandeln sich
in liebliche Täler der Glückseligkeit.
Die Wüste der Einsamkeit wird erblühen
zur namenlosen Freiheit hin, in dir all-ein.
Die Meere der Sehnsucht werden dir Heimat sein
und Geborgenheit vermitteln, denn sie werden zu
Meeren der erfüllten Wünsche.
Die Vulkane der Wut werden zu Zeugen des Mitgefühls und
des Friedens. Alles wird sich verändern.
Die Dämonen, ihrer Fratzen beraubt, werden zu helfenden
Engeln und wenn du von neuem die Welt betrittst,
von innen nach außen, von den Tiefen ans Licht,
wirst du blicken in ein Land der unendlichen Liebe.

# Idylle

Falsche Zufriedenheit

*Nicht mit Schlössern zu vergleichen*
*ist des Lebens Zauberei.*
*Tief im Herzen fühl ich ´s weichen,*
*von Angst und Sorgre werd ich frei.*

Du klammerst dich an Sicherheiten,
von denen du weißt, wie brüchig sie sind,
und dieses Wissen macht dir soviel Angst.
Gleichzeitig denkst du, besser bröckelnde Sicherheiten,
als keine. Das ist der Spalt, nach dem du suchst.
Du tust dir selbst weh, weil du dir selbst
im Innersten nicht vertraust.
Du fühlst, dass jede Sicherheit, die noch mit Angst,
Zweifel oder Widerstand behaftet ist,
nicht sicher ist, und doch klammerst du dich
mit fast überirdischer Kraft daran fest.
Der «Emotionalkörper» sucht nach Kurzzeitlinderungen
und gleichzeitig schreit er nach entgültiger Heilung.

Gib sie ihm. Entscheide dich für dein Herz
und für seinen einenden Blick.
Lass dich die Wahrheit sehen,
jenseits romantisierender Träume.
Die Wahrheit ist schöner und gewaltiger,
als du sie dir jemals vorstellen kannst.
In Wahrheit zu sehen, bedeutet jeden Sockel aufzugeben,
jede vermeintliche Sicherheit.
Es bedeutet sich geborgen zu fühlen im größten Sturm.

Sich hinzugeben
bedeutet keinen Schutz mehr zu haben,
nackt in der Wildnis zu stehen und
Gefühle anzunehmen wie das Wetter.
Dann wirst du eine Sicherheit erfahren,
die wahr ist, die Leben ist,
die dich in die Freiheit hält,
weil sie nichts verurteilt und nichts fürchtet,
da sie die Geborgenheit des Seins in sich birgt.
Sie ist das einzige,
was dir jemals wirklich Halt vermitteln wird.

Du kannst dich nicht verlieren,
denn schon dein inneres Wissen um die Vergänglichkeit
deiner vermeintlichen Sicherheit lässt es nicht zu,
dich vollständig mit ihr zu identifizieren.
Dein inneres Wissen ist wahr, lass es dich erleben.
Wach auf in diesem Wissen und
lass dich selbst in deiner Größe geschehen.

Schau  dir die Mechanismen an, die dich dazu bringen
zu fordern, zu klammern und dir selbst weh zu tun.
Nimm sie an, verstehe sie, umarme sie und sie werden
sich auflösen.
Auch die Mechanismen der Angst, des Schmerzes und der
Schwere sehnen sich danach erkannt und erlöst zu werden.

Die falsche Zufriedenheit hält sie fest.
Setz ihnen keinen Widerstand entgegen,
sondern schenk ihnen Geborgenheit aus
dem großen Sein heraus und sie werden sich
auflösen in diesem Strom der Liebe.

# Kreuzigung

*Von Engeln umgeben,*
*überwindest du den Tod.*
*Das Wasser des Lebens durchströmt dich;*
*ein Teil betrauert das Alte,*
*Neues wird geboren.*
*Raum und Zeit sind überwunden.*
*Gnade waltet über allem*

Es ist der schmale Grat zwischen
Vergänglichem und Ewigem,
zwischen dem, in Raum und Zeit gebundenen Ich
und dem göttlichen Selbst, auf dem du dich bewegst.
Schmerzhaft mag der Prozess erscheinen,
doch ist er notwendig, um im wahren Leben aufzustehen.

Mächtige Emotionen bedrohen den Kern.
Angst, Verzweiflung, Wut und Ohnmacht
rauben dir den Verstand und die Hoffnung.
Sinnlosigkeit stösst dich in die Leere.
Verraten fühlst du dich und verlassen.
Dein Vertrauen, dass es das Leben gut mit dir meint,
ist erschüttert. Ein Teil von dir umklammert ängstlich
das Alte. Er weigert sich den Abschied von
gewohnheitsmässigen Konstrukten, von dir vertrauten
Umständen, zu akzeptieren.

Ein anderer Teil in dir weiss, dass dieser Prozess
dir die Freiheit bringt, nach der du dich lange gesehnt hast.

Lass dich fallen und erlöse den Schmerz,
indem du dich hingibst.
Kämpfe nicht gegen das Unabwendbare.
Der Schutz, den du brauchst, kommt aus deinem Innersten.

Dein wahres Selbst steht auf in dir
und du wirst eine Geborgenheit erfahren,
die nicht mehr an äussere Umstände gebunden ist.
Du wirst dich in deinem ewigen Sein erfahren,
das stärker, liebender und mitfühlender ist als alles,
was du dir jemals vorstellen konntest.

Du wirst dich als unsterbliches Wesen erfahren,
und Zeit und Raum, werden für dich
an Bedeutung verlieren.
Der Stern deines wahren Wesens
löst das Kreuz ab.
Doch ist dies nichts, was du mit deiner
gerichteten Aufmerksamkeit herbeiführen kannst.

*Es ist ein Akt der Gnade, den du erfährst,*
*wenn du dich fallen lässt, dich hingibst.*

Im Grunde weisst du,
dass alles was jetzt passiert,ein Quantensprung in
deiner Entwicklung ist, doch kannst du es mit
deinem Verstand nicht fassen.

Frag nicht nach dem Sinn,
manipuliere nicht das Geschehen,
versuche nicht, den Prozess aufzuhalten.

Es ist ein Mysterium des Lichts,
das in finsterster Nacht am stärksten strahlt.
Es ist die Zeit der Dämmerung.
Die Nacht droht das Licht zu verschlingen,
doch wisse,dein Stern wird sich dir offenbaren
und du wirst das Dunkel nie mehr fürchten.

# Inspiration

Deine wahre Größe ist bezaubernd.
Niemand kann sich dem Zauber,
den du repräsentierst, entziehen.
In dir steckt soviel Phantasie, soviel Kraft,
Dinge erscheinen zu lassen, zu manifestieren.
In dir ist eine gewaltige Liebe zur Schöpfung selbst,
zur bewussten Schöpfung.
In dir ist die Kraft, die sich selbst gebiert
in immer neuen Formen, aus dem Sehnen sich auszudrücken,
sich selbst zu erkennen und erkannt zu werden.
Es ist das Spiel, das unendliche, das dich fasziniert,
das reiner Freude entspringt und der tiefste Quell
und Urgrund allen Lebens ist.
Das menschliche Wesen ist nicht beschränkt.
Die einzige Begrenzung, die du erfährst,
sind die Grenzen deines Denkens, deiner Vorstellungskraft,
die Grenzen des scheinbar «Möglichen». Alles ist möglich!
Öffne deinen Geist und mach ihn so weit wie das Leben selbst
und du wirst Dinge wahr werden lassen,
die du vormals als Wunder bezeichnet hättest.
In Wahrheit gibt es keine Wunder.
Nur für einen, in seiner Vorstellung von möglich und unmöglich
gefangenen Geist, erscheinen Dinge als Wunder.
So genannte Wunder begleiten dich auf Schritt und Tritt,
sind um dich und in dir.
Allein die Tatsache, dass du lebst, ist das größte «Wunder».
Weite deine Vorstellungskraft, lass dich inspirieren von den
unbegrenzten Möglichkeiten des Lebens,
der Liebe und des Seins.
Lass dich überraschen und erhebe dich auf den Flügeln
der Phantasie in ungeahnte Räume.
Erträume die Welt, in der Wunder selbstverständlich sind
und deine Wirklichkeit wird wundervoll sein.

# Die Hallen des Feuers

## Transformation

Das Feuer der Transformation brennt heiß.
Die Illusion zerlebende,
alles Unwahre verschlingende Flamme
reinigt dich ganz.

Nichts lässt sie zurück
was dir in Wahrheit nicht entspricht.
Unreinheiten fallen ab von dir
wie faule Blätter im Wind –
innen und außen.

Auch wenn der Prozess dir Angst macht
und du dich ihm hilflos ausgeliefert fühlst,
so heiße ihn dennoch willkommen.
Das Feuer ist dein Verbündeter,
es wärmt dich und durchdringt dich..

Alle Vorstellungen, die du von dir selbst hast,
mag es verbrennen,
doch dein wahres Wesen verbrennt es nicht.
Du wirst aus den Flammen auferstehen.

Nimm die Veränderung an
und ergib dich in Liebe dem Feuer.
Neugeboren wirst du scheinen,
wenn du seinen Tempel verlässt.

# Der Stern

*Wenn der Mond zu leuchten beginnt
aus eigener Kraft zur Sonne gerinnt
wird dieser Traum zu Ende sein
zu Ende auch, der Trug von den Zweien.*

Jede Manifestation geht aus der Einheit in die Verschiedenheit.
Aus eins wird zwei:
Manifestes und Nichtmanifestes, Schöpfer und Schöpfung,
Tag und Nacht, ich und du.
Sonne und Mond (symbolisch), das Strahlende und der Reflektor.

Dieses Bild zeigt die Dualität und ihre Überwindung.
Jede Seele, die das Bewusstsein in sich trägt,
dass Sonne und Mond eins sind im Licht,
ist einem Stern vergleichbar oder einem
sich in allen Dimensionen drehenden Rad.
Der Stern ist eine individuelle Sonne des
All–Einen Bewusstseins, sich seiner ganz spezifischen Mischung
aus Farben, Strahlen, Wahrnehmungen bewusst.
Jede Seele hat ihren Stern.
Ein Mensch, an das Kreuz der Dualität, an Raum und Zeit genagelt,
gebiert den Stern, sobald das Selbst in ihm erwacht.
Der achtfache Stern ist auch ein Symbol des Christusbewusstseins,
das jeder einzelne von uns in sich trägt.
So ist auch der einigende Stamm des Baumes
mit diesem Bewusstsein vergleichbar und symbolisch
die Verbindung zu unseren Wurzeln.
Das Herz als Zentrum des Seins
mit der höchsten Weisheit des Fühlens
lässt uns in der Zweiheit die Einheit erfahren
und trägt die Kraft der liebenden Erkenntnis.

Die Vögel stehen von alters her für die Verbindung
mit dem Göttlichen, für Eingebungen oder die Fähigkeit
in höhere Bewusstseinsstadien einzugehen.
Der Baum an sich ist eine Synthese von Himmel und Erde,
verwurzelt in der Tiefe, mit den Zweigen im Himmel.
Der Berg bietet Gelegenheit zum Übergang
von einer Ebene zur anderen und auch er ist
der Treffpunkt zwischen Himmel und Erde.

Diese Bild ist, wenn du so willst
ein Sinnbild für die Überwindung der Dualität,
um den Stern in dir zu gebären
und bewusst zu machen,
der das Ewige, das Unsterbliche
und die Hoffnung symbolisiert,
die du in Wahrheit bist.

# Gefuehle

Wahre Dinge gehen Hand in Hand  mit tiefgründigen
Emotionen, so wisse, dass Wahrheit im allgemeinen wie im
einzelnen immer auf Emotionen beruht, nur sind diese tiefer
und allumfassender als gemeinhin angenommen.
Jede Idee aus dem Geistigen nimmt im Seelischen
Inhalt und Form an, und wird dann im Außen sichtbar.
Ein bloßes Festhalten an einer Ahnung bewirkt gar nichts,
wenn man sich die Zeit nicht nimmt, hinunter zu steigen,
zu bilden, beziehungsweise dem Gefühl die Möglichkeit gibt,
zu wachsen und zu reifen,
bis sich die Frucht von selber zeitigt,
und klar und deutlich aus dir fällt.
Es sind die inneren Bilder, nicht zu verwechseln
mit Gedanken, die sich im Außen offenbaren.
Nur mit emotionalem Hintergrund
können sich Erkenntnisse manifestieren.
Eine bloße Ahnung würde ein Dahinschweben bedeuten,
das mit dem Ankratzen eines Sterns vergleichbar ist,
aus dem heraus sich nur schwer Dinge kristallisieren
und realisieren können.
Ein König muss manchmal sein Schloss verlassen
und an die entferntesten Grenzen seines Landes reisen,
um die Landsleute mit seinem Wesen zu berühren
und in ihnen ein Gefühl für das Königreich zu wecken.
Wenn er dann wiederkehrt, kehrt er mit der Ruhe
und der Sicherheit wieder, wahre Verbündete
gefunden zu haben und nicht regierte Sklaven.
Auch der Mensch ist vergleichbar mit einem Königreich.
Unterdrückte Gefühle sind wie regierte Sklaven.
Der König, der Geist muss sich um sie kümmern,
muss auf ihre Bedürfnisse Rücksicht nehmen,
muss in ihnen das Bewusstsein wecken für das Königreich selbst,
und dass das eine Herz in allen pocht,im König und in den
Untertanen und dass letztlich der König selbst,
ein Diener ist, ein Diener des einen Herzens.

Manchmal scheint diese Reise in die Unterwelt zu führen,
in die tiefste Unterwelt der persönlichen Art.
Du begegnest Dämonen der Angst, des Wahns,
des Zweifels, der Ohnmacht und des Todes.
Möglicherweise findest du das Land der verlorenen Träume und
Wünsche, der Sehnsüchte und Hoffnungen.
Begegne allen mit Hoffnung und Liebe und erzähle ihnen vom
«vereinten Reich», in dem auch du dem Herzen dienst.
Du wirst das Gefühl haben, eine Brücke zu bauen
und ihnen das Bewusstsein vermitteln, dass du um sie weißt, dich
um sie kümmerst und du wirst machtvolle Verbündete in ihnen
gewinnen. Zu viele Gefühle werden unterdrückt, zu viele Wünsche
vergessen, doch unterdrückte Gefühle sind wie ein Pulverfass.
Gewaltig ist ihre Kraft, wenn sie den Widerstand durchbrechen.
Nimm sie an wie das Wetter und drück sie aus, alle, befrei' sie aus
Ketten und Zwängen und vertraue dir selbst.
Selbst die scheinbar negativsten Gefühle sind dir Wegweiser
und sehnen sich danach erkannt und erlöst zu werden,
denn auch sie streben dem Licht entgegen. Nimm das Leben an
mit allen Höhen und Tiefen. Lass Gefühle durch dich fließen.
Hast du je daran gedacht in den Gefühlen einen Ausdruck von
Gottes Befindlichkeit zu sehen?
Hast du je daran gedacht dass Gefühle ganze Welten schöpfen,
dass möglicherweise alles was du siehst, Berge und Seen, Wüsten
und Wälder, Ausdruck von «Gefühlen» sind.
Innen und Außen sind sehr, sehr ähnlich.
Emotionen bewegen das Sein, wie der Mond
das Wasser und das Blut.
Lass sie wachsen und reifen. Hol sie ins Licht deines Bewusstseins,
erkenne sie und lehre sie, wie sie dich lehren und ihre Vielfalt wird
dein Leben unendlich bereichern.

Tag für Tag wird sich deine Empfindsamkeit weiten
und deine Gefühle werden dir erscheinen
wie wundervolle Aromen in der Gesamtheit ihrer Komposition,
die du als Liebe erfährst.

# Der Phoenix

*Auferstehung*

*Sei offen und schütze dich nicht vor der Liebe. Sie wird dich treffen schon bald, und wie ein Hirsch, vom Pfeil getroffen, zu Boden stürzt, wird auch dein altes Leben, vom Pfeil der Liebe getroffen, zerfallen zu Asche, und du wirst auferstehen aus der alten Asche und Licht sein.*

Deine Augen mögen den Schleier durchdringen, der die Illusion
der Schwere, des Schmerzes und der Angst ist.
Dein Herz möge wie eine Sonne scheinen und dein emotionales
Wesen sich in seiner Wärme behaglich fühlen.
Die Zeit ist nun gekommen, den Schleier abzulegen, und die
verletzten, angstvollen Teile der Persönlichkeit sich auflösen
zu lassen. Das Versteckspiel ist vorbei.
Du wirst da sein für andere, doch nicht um den hohen Preis
der Selbstverleugnung. Lege die Fesseln der Angst, der Bitterkeit
und der Verkleinerung ab, hier und jetzt, und gehe in die Freiheit.
Sei bereit den Schmerz und alle Facetten deines Seins,
die dich beschränken, loszulassen.
Es sind diese Facetten, die sich aus der Wertung ergeben und
aus der Unfähigkeit, den Ausdruck des Einen bedingungslos zu
akzeptieren, die dir selbst Käfig sind. Anstatt in dir selbst Krieg zu
führen, in Wut und Ohnmacht gegen bestehende Strukturen,
wirst du aus dir selbst heraus leuchten.

Mit dem Feuer der Erinnerung, die dich nach Hause trug,
mit der Autorität eines Heimgekommenen, mit dem Wind der
Sehnsucht als Begleiter, wirst du das Licht präsentieren,
das in allem ist, das Verstehen und die Gelassenheit, die Güte
und die Weisheit.
Wenn das Selbst sich in dir erhebt, nicht mehr ans Kreuz von Raum
und Zeit geschlagen ist, stehst du auf in dir,
und der wahre Mensch ist geboren.

Du wirst dir deiner Göttlichkeit bewusst.
Aus der Liebe geboren bist du unsterblich wie sie selbst.

Die Gnade

*Es ist eine Zeit der Gnade angebrochen.*
*Bist du bereit zu sehen, wirst du sehen.*
*Bist du bereit zu gehen, wirst du gehen.*
*Bist du bereit zu hören, wirst du gehört.*

Mehr als einmal wirst du erfahren, dass das Leben
in seiner Weisheit, dich immer an den Platz stellt,
der deiner weiteren Entwicklung förderlich ist.
Das Sein in seiner unendlichen Vielfalt beinhaltet
Licht und Schatten, Harmonie und Spannung.
Leben und Tod.
Erst wenn du die Einheit im Ganzen erkennst,
wirst du deine wahre Heimat finden.
Leben und Tod als Einheit zu erfahren,
als Ganzes, nimmt dir die Angst.
Die Trennung, die Abspaltung der Schatten
und des Todes, bringt die Angst hervor.
Die völlige Akzeptanz beider Pole lässt sie dich überwinden
und im wahren Leben auferstehen.
In der Grenzenlosigkeit zu leben, erfordert Mut, Disziplin,
sich immer und immer wieder aufs Zentrum auszurichten,
auf das Herz, auf die Liebe selbst.
Wahres Leben ist beseelt, leuchtend,
es kennt keine Gegensätze, nur einzigartige,
einander ergänzende Aspekte des Einen.
Es ist faszinierend dich als Mensch zu erfahren,
der alle Gegensätze in sich vereint,
und sich doch über alle erheben kann.
Erlebe dein Leben als Geschenk, seid Urzeiten dir zugedacht.
Du bist behütet und geführt.
Die Schöpfung selbst sehnt sich danach
von dir geliebt zu werden, erkannt, geachtet und
geehrt für das, was sie ist.
Sie ist ein Kind der Liebe und der Gnade, wie du auch.
Mögest du ihre überirdische Schönheit und
Weisheit erfahren in dir.

# Der Schluessel

*Die äußeren Gefilde sind Träume,*
*die Wahrheit des Herzens ist einzig wahr, ewig,*

Finde den Schlüssel,
der öffnet das Herz
verliere dich nicht
in erfahrenem Schmerz.

Die Boten der Sonne,
sie nahen geschwind.
Die Krone sich öffnet
bei stetigem Wind.

Acht auf die Zeichen
und folg ihrem Rat.

Die Schatten nun weichen
der Wunsch ist die Saat.

Nicht viel ist zu tun
um im Glücke zu ruhen.

Der Schlüssel heißt Vertrauen
lass den Weg geschehen
auf des Herzens Stärke kannst du bauen
wenn die Ketten der Angst vergehen.

# Verlorene Wuensche

*«Laut pochen die Kinder der Wirklichkeiten
auf ihr Recht zu leben.
Dumpf hallen die Schläge im Herzen wider.
Kaum verstummt, wandern sie als Gespenster,
Irrlichtern gleich durch den Geist
und weben das Netz der Zeit…»*

Die Geschichte erzählt von einem Land der verlorenen Wünsche. Der Zugang zu diesem Land liegt irgendwo in den Hallen des Herzens. Wenn nun ein Mensch die Hallen seines Herzens betritt, mag es sein, dass er zu einer Steinplatte kommt, auf der sich folgende Inschrift befindet:

HIER RUHEN DIE KINDER DER WIRKLICHKEITEN.
LEBENDIG BEGRABEN
IN DEM MOMENT,
DA DU DEINE WÜNSCHE VERGASST

Dies scheint seltsam, doch so wird die Geschichte erzählt.
«Hebe mich!» flüstert der Stein, «hebe mich!» Laut und immer lauter wird das Pochen und die Stimme des Steines.
Der Boden bebt und die Steinplatte verschiebt sich.
Ein schmaler Spalt wird sichtbar und hohe, dünne, zerbrechliche Stimmen, wie Kinderstimmen singen:

*«Wir sind die Kinder der Wirklichkeiten.
Der Stolz, der Schmerz und das Vergessen
haben uns hierher gebracht und die
falsche Zufriedenheit hält uns fest.
Lass uns frei und dich mit uns.»*

Wenn du beschließt,
den Stein zu heben und bereit bist zu sehen,
was unter ihm liegt, betrittst du über eine steile Treppe,
die abwärts führt, das Land der verlorenen Wünsche.

Hoch und immer höher singen die Stimmen,
bis ein Lüftchen sich erhebt, das zum Sturm wird, der dich und die
Wünsche hinaus trägt aufs offene Meer. Die Weite und die
Unendlichkeit des Meeres beängstigt dich
und wieder hörst du Stimmen, die leise singen.

*«Wir sind die Kinder der Wirklichkeiten.*
*Wir sind die Gesichter des Lebens.*
*Wir sind die Tropfen im Meer der ungezählten Möglichkeiten*
*Wir sind die Samen der Äcker,*
*die zu bebauen es gilt. Wir sind in der Luft, die dich umgibt.*
*Wir sind bei dir.*
*Wir helfen dir, wir tragen dich – vertraue uns.*
*Wir sind gleichzeitig – zeitig – zeitlos.«*

Erinnere dich an deine innersten Wünsche.
Tief innere Wünsche sind Wahrheit,
sind die Mutter der Kinder der Wirklichkeiten,
die geboren werden müssen, um ganz zu werden,
um zum Stern zu werden, der in allen Farben strahlt.
Tief innere Wünsche sind es,
die die Schleier lüften
und den Kern sichtbar machen.
Öffne die Augen. Die Insel, oder der Ort,
wo sich die Wünsche erfüllen, liegt vor dir.»

Wenn du diese Karte ziehst und bereit bist,
deine vergessenen Wünsche zu befreien,
so wisse dies:

Wahre Wünsche entspringen immer der Bestimmung
und führen auf diese hin, da sie im Prinzip
unauslöschlich mit ihr verbunden sind.
Tief innerste Wünsche entspringen direkt dem Lebensbaum
und werden auf jeden Fall erfüllt.

# Das Netz aus Liebe und Vertrauen

Immer und immer wieder werden dir
die «ungeliebten Kinder der Wirklichkeiten» begegnen.

Mit jedem Gedanken der Angst, des Zweifels und
der Schwere, gibst du ihnen den Raum zu leben.

Doch streben auch sie dem Licht entgegen.
Sind sie erkannt und anders benannt, sind sie erlöst.

Wisse, dass man Angst nicht besiegen kann.
Man kann sie annehmen, dann verliert sie ihre Macht.

Glaube, unerschütterliches Vertrauen und Liebe sind rein,
und wie silberne Fäden durchziehen sie die Welt
mit ihrem Netz.
Feiner als Spinnweben, und zarter als Engelshaar,
ist der Glaube an das Gute und das Wahre.

Berührt die Angst dieses Netz, so löst sie sich auf
und gibt sich diesem endlosen Strom der Liebe hin.

Ein vollkommen von Liebe beseelter Mensch
hat die Angst in sich erkannt und integriert.

Begegnest du dem Geist der Schwere,
so lach ihm ins Gesicht,
verzaubere ihn mit deiner Lebenslust,
und du wirst einen wertvollen Verbündeten gewinnen,
der deinem leichten Spiel Gewicht verleiht.

# Die Seiltaenzerin

Du bist ein Wanderer zwischen den Welten, Brücke auch
und so wanderst du den schmalen Grat an der Grenze entlang.
Ohne Netz, der Abgrund scheint nahe.

Was für die meisten Menschen Realität zu sein scheint,
kann niemals ein Maßstab für dich sein.
Geh' nicht zurück in die Falle des Verstandes,
oder der so genannten 3D Realität.
Der Grad deiner Sicherheit entspricht dem Grad des Vertrauens,
in dich selbst, in das was du fühlst.

Sei dir der Einheit und der Ewigkeit im Ganzen bewusst.
Du versuchst ständig das Gleichgewicht zu finden,
zwischen dem Geistigen und dem Körperlichen,
der Wahrnehmung der physischen Sinne und deiner inneren
Stimme, zwischen deinen Bedürfnissen und den Bedürfnissen
anderer. Du fürchtest andere zu verletzen, wenn du dich selbst
geschehen lässt. Du tendierst zu Kompromissen, doch bist du
nicht fähig mit Kompromissen glücklich zu werden, weil du
deine innerste Wahrheit ganz ausdrücken willst.

So fühlst du dich manchmal wie eine Seiltänzerin,
die auf einer dünnen Schnur tanzt, hoch oben ohne Netz.
Gewissermaßen scheint es dein Schicksal zu sein,
da du eine sehr ausgeprägte Fähigkeit zur Integration besitzst
und dir ein tiefes Streben nach Harmonie und Gleichgewicht
eigen ist, doch ist es sehr wichtig, wie du dich dabei fühlst.
Erlebst du es als Tanz durchs Leben, den du in vollen Zügen
genießt, oder ist es mit einem ängstlichen Dahinstolpern
vergleichbar, vorsichtig tastend, unsicher und jeden Moment
fürchtend in den Abgrund zu stürzen?

Du gewöhntest dich daran, dich zu verstecken,
hinter Masken und Schleiern zu verbergen,
doch wenn du deine Schleier fühlst, fühlst du dich unsicher.

Der Zeitpunkt scheint gekommen,
deine Schleier und Masken abzuwerfen,
und das zu sein, was du bist.

Lebe deine Wahrheit in jedem Moment, und wisse,
dass deine Wahrheit ein Geschenk für diese Welt ist,
auch wenn sie für manche Menschen
fremd oder schmerzhaft scheint
.

Du bist ein Pionier, ein wahrer Tänzer zwischen den Welten,
und nur wenn du deine Wahrheit präsentierst, kann sie auch
mit dem «Wahren» in anderen in Resonanz gehen,
und diese hervorbringen.

Du bist ein lebendiger Weckruf,
doch wann und inwieweit die Menschen noch schlafen wollen,
oder bereit sind aufzuwachen, ist nichts,
worum du dich kümmern müsstest.

Du kümmere dich um dich selbst und repräsentiere das,
was du bist mit dem Mut eines Löwen, der himmlischen Magie,
der Unschuld und dem Vertrauen eines Neugeborenen und
mit der Ästhetik einer Seiltänzerin.
Fühle die Sicherheit eines Elefanten, der die Erde berührt,
und die zarte Leichtigkeit eines Schmetterlings gleichzeitig.

Lass dein Herz dein Seil sein, deinen Boden und dein Netz
und du wirst strahlend und sicher durch' s Leben gehen.

Du bist voller Wunder, vergiss das nie!

# Das Fenster zur Zukunft

## Die Wahl der Perspektive

Manchmal schaust du aus den Fenstern deines Verstandes
in einen undefinierbaren Raum.
Der Ausblick ist verschwommen.
Du bist verwirrt, du weißt nicht was dich da draußen erwartet.
Verschwommen nur ist deine Ahnung von der Zukunft,
auf- und absteigende Bilder und Möglichkeiten.
Nichts, an dem du dich festmachen könntest.
Freu dich! Offensichtlich bist du in eine Situation geraten,
die dir alle Möglichkeiten offen lässt.

Es liegt an dir und deinen Wünschen,
den Ausblick so zu gestalten, wie du es willst.
Durch das Fenster deiner Glaubenshaltungen,
deiner Vorstellungskraft, deiner Wahrnehmung
betrachtest du die Welt.
Doch betrachtest du sie nicht nur, du schöpfst sie auch.
Konzentriere dich auf Dinge, die du tief in dir weißt.
Sie sind wahr, und sieh´ andere Dinge, die nicht deinem
innersten Gefühl der Wahrheit entsprechen,
als Illusion, als vorübergehend.
So nährst du die Wahrheit und erkennst die Illusion als Illusion,
die in dem Moment verblassen wird, da du ihr die Kraft nicht
mehr gibst, sie für wahr zu halten.

Die zunehmende Kraft deines ursprünglichen
Wesens aus Liebe und Weisheit wird jede Zelle deines
Körpers durchströmen und Dunkel in Licht verwandeln.
Wisse, dass du Liebe bist und Weisheit.
Dein Weg ist der Weg der Sonne,
die sich nicht darum kümmert, auf wen oder was sie scheint.

Verliere konkrete Vorstellungen und sei bereit
dich deiner innersten Quelle hinzugeben.
Sei bereit die große Hilfe anzunehmen, die dir gewährt.

Wie du weißt, ist es notwendig an einen Punkt der Stille
und des Friedens zu kommen, wo die Räder des Denkens,
der Konzepte und der Wahrnehmung zur Ruhe kommen,
wie ein Kreisel, noch schwindlig vom Drehen
vieler Jahre nun zur Ruhe kommt – endlich.

Es geht nicht darum, Konzepte zu finden,
nach denen man mit einem beschränkten Verstand sucht.
Es geht darum, den Verstand zum Diener des Herzens zu
machen, das sich danach sehnt, wieder eins zu sein, mit der Seele,
mit dem Einen, mit immerwährender Freude und Liebe.

Der Verstand wird den Weg nach Hause niemals finden.
Die Augen des Herzens sehen den Weg.

So ist es wichtig, zu wissen, dass auch «Illusionen»
Erscheinungsformen des Einen sind und auch echt,
wenn du so willst.
So wie Bilder und Gemälde echt sind und gültig
solange du sie als Bilder siehst und nicht glaubst,
in ihnen leben zu können.

Wenn die uralten Augen sich öffnen
und die Seele aus deinen Augen schaut,
wirst du im Außen sehen, was du in Wahrheit bist

# Die Ruinen der Vergangenheit

Die Geschichte erzählt von einem Mädchen namens Lilly, das auszog die Vergangenheit zu suchen, weil es die Gegenwart nicht mehr ertrug. Nach langer, mühseliger Reise erreichte sie das erste Tor der Zeit und vor ihr stand die Vergangenheit und hieß sie willkommen.

Lilly lebte in ihrem Garten und die Vergangenheit erzählte ihr Geschichten, viele Geschichten, die Lilly staunen machten.
Mit der Zeit begannen sich die Geschichten zu wiederholen und mit jedem Mal wurden sie noch größer und prächtiger und Lilly war glücklich.

Doch eines Tages erschien ein Schmetterling im Garten der Vergangenheit und mahnte zum Aufbruch.
«Ich will hier nicht weg» sagte Lilly,
«sieh nur, alle Blumen blühen».
«Das ist auch gut so», sagte der Schmetterling beschwichtigend,
«doch gibt es noch andere Felder die zu bebauen es gilt.
Der Staub dieser Blüten ist der Same für neue Blumen.
Bleibst du hier, ist der Same umsonst».
«Was ist mit deinen Wünschen mein Kind?»

«Ich habe keine Wünsche mehr» trotzte Lilly «Ich bin glücklich.«
»Ich werde dir zeigen den Ort der wartenden Wünsche«
sagte der Schmetterling, «denn wenn du hier bleibst
ist dein Schicksal besiegelt».
«Was meinst du damit?» fragte Lilly.
«Nun», sagte der Schmetterling:

«Wisse dies:
Die Vergangenheit ist schön und wichtig,
doch ist sie nur ein Teil. Weilst du zu lange in ihren Gefilden,
vergisst du die Samen der Äcker, die zu bebauen es gilt.

Vergangenheit, Gegenwart und Zukunft sind eins in dir.

Die Erinnerungen aus deiner Vergangenheit sind Früchte
im Korb der Gegenwart. Erfreue dich an ihnen, lerne, doch
versuche nicht dich selbst wieder in die Vergangenheit
zu projezieren. Erkenne sie im Jetzt.
Alles, was du je erlebt hast, geliebt hast, ist in dir, bist du,
und hat dich zu jenem unverwechselbaren Wesen gemacht,
das du heute bist.

Durch all die Aspekte der Liebe bist du gewachsen.
Verlier dich nicht in der Illusion, etwas verloren zu haben.
Dort wo du es suchst, ist es nicht, sei es in Zeit oder Raum.
Es ist in dir und nur dort kannst du es finden.

Verlierst du dich in der Vergangenheit, verlässt du das Jetzt,
verlierst du die Macht.
Vergangenheit, Gegenwart und Zukunft
sind wie Schwestern, für immer vereint in dir, im Jetzt.
Es liegt an dir, ob die Gärten der Zukunft erblühen,
oder die Blüten verwelken.«

«Das stimmt!» sagte nun auch die Vergangenheit.
«Meine Schwester, die Gegenwart ruft nach dir.
Sie ist sehr krank. Wenn du nicht bei ihr bist, liegen die Felder
der Zukunft brach. Du bist die Hüterin des Samenkorns.
Du bist seine Sonne und sein Regen. Dein Wille formt
seine Gestalt. Von dir hängt es ab, ob im Garten der Zukunft
große starke Blumen blühen, die jedem Sturm standhalten,
oder der Boden und seine Gewächse verdorren.
Du bist mächtig, Lilly.

Mit deinem Wissen um die Vergangenheit und deiner Liebe
kannst du Wunder wirken, doch nur wenn du
bei meiner Schwester der Gegenwart bist.
Kehre zurück und alles wird gut.«

Lilly nun doch sehr betroffen sagte:
«Wie kann ich denn in die Gegenwart zurück?
«Wünsche Kind, wünsche und dein Herz wird dich tragen,
wohin es dich verlangt.«

Sie wünschte es sich von Herzen und eh sie sich' s versah,
fand sich Lilly zu Hause.
In ihrem Bettlein lag blass und krank die Gegenwart,
doch bei Lillys Anblick bekamen ihre eingefallenen Wangen
Farbe und in ihren Augen schimmerte ein seltsamer Glanz.
«Du bist gekommen» hauchte sie. «Jetzt ist alles gut.
Bitte versprich mir eines: Lass mich nie wieder solange allein!»

Lilly versprach es, denn endlich spürte sie, dass hier
der richtige Platz für sie war, und sie bemerkte mit Erstaunen,
dass die Gegenwart der Vergangenheit sehr ähnlich sah.
Doch mehr noch erinnerte sie ihr Gesicht an sie selbst
und in diesem Moment spürte sie, wie ein gewaltiger Sog
sie erfasste und wie sie aus Liebe und Mitgefühl
ganz weich wurde.
Zärtlich umarmte sie die Gegenwart,
bis sie schließlich mit ihr verschmolz.
Fortan lebte Lilly glücklich und zufrieden.
Vergangenheit, Gegenwart und Zukunft reichten sich die
Hände und je älter Lilly wurde, sah sie einen Garten
entstehen und sie säte Blumensamen und sie wusste,
dass es lauter schöne, große Blumen mit duftenden Blüten
sein würden, die jedem Sturm standhielten.
Noch einmal hörte sie die Stimme des Schmetterlings
ganz nah an ihrem Ohr:

»*Nur in dir ist der Raum, der bleibende Traum.*
*Wenn dir alles als ewiges Jetzt erscheint,*
*hast du die Schwestern für immer vereint»*

# Das Maedchen im Boot

*Übergang*

Du gehörst zu den Alten, den Uralten, die den Weg bereiten,
versuchend das Schlimmste zu verhindern,
die diese Erde den Nachkommen überlassen wollen, als geliebte
Heimat, als einen wunderbaren Planeten der Schönheit,
der Liebe und des Lichts.

Du sehnst dich nach einem Land, das dein Zuhause ist,
innen und außen, wo jeder Ort deine Heimat ist
und jedes Wesen dein Geliebter.
Durch die Liebe wolltest du wachsen,
zur Liebe selbst wolltest du werden,
um Hoffnung zu bringen den Menschen.

Erinnerst du dich an deine Aufgabe?
Liebend zu vertrauen, Freude zu bringen und Hoffnung,
in einer Zeit wo Dunkelheit herrscht und Verzweiflung.
Du wolltest spielend die Herzen der Menschen öffnen und
ihnen Mut machen.

Dein tiefstes Sehnen wird Wirklichkeit.
Deine seelische Struktur passt sich mehr und mehr
anderen Gesetzen an , einer anderen Weltordnung,
vielleicht auch hörst du den Ruf und das Gleiten des Schiffes
durch den Raum, das kommt, dich hinüberzuholen,
hinter die Nebel zu führen,
wo das ewige Licht in den Bergen entspringt.

Wenn Räume sich weiten, Nebel sich lichten,
wird die Insel der Erfüllung sichtbar.

Geräuschlos gleitet die Barke durch das Wasser der Seele
und du siehst sie am Ufer stehen, die lange Vermissten.
Mit erhobenen Händen erwidern sie deinen Gruß und bald
werden sich eure Kräfte vereinen. Es wird dir geschenkt werden,
in diesem Leben, dich zu erinnern, dich an alle früheren Leben
hier zu erinnern, sie bewusst noch einmal zu erleben und
zu erfassen.

Es wird dir geschenkt werden,
die zeitlose Ewigkeit wahrzunehmen,
mehr noch selbst zeitlos ewig zu sein.

Du wirst dich finden im mystischen Reich der ewigen Jugend,
das sich nur einen Ruderschlag entfernt,
hinter den Nebel der Trennung,
deinem suchenden Auge entzieht.
Die Insel der Glückseligkeit wird sich erheben
auf diesem Planeten und du wirst dich –
ganz dem Glücke hingeben - endlich zuhause fühlen.

Das Geheime Reich wird auferstehen und mit ihm
der Schlüssel zur Ewigkeit.

# Die erschoepfte Wanderin

# Ungeboren

Ungeboren bin ich in deinem Sinne
und doch lebe ich,
bin nah bei dir, doch unsichtbar.
Ich bin in einem Land der Gnade.

Ungezählte Möglichkeiten umgeben mich,
wie Knospen, die vor dem Erblühen sind
und manchmal sehne ich mich danach,
dir zu begegnen, damit du mich spüren kannst,
mich achten und lieben.

Suche mich nicht.
Ich komme zu dir, wenn die Zeit reif ist,
geboren zu werden,
als dein Kind, als eine neue Gabe,
als verloren geglaubter Schatz.
Wisse, ich bin da.

Könntest du meine Freude spüren,
mit der ich Tag für Tag mich nähere.
Wie ein Vogel nach einem Landeplatz sucht,
sehne auch ich mich danach
zu landen in einem Nest,
das du mir geschaffen hast.
Durch einen dünnen Schleier nur
sind wir getrennt.
Nahe ist meine Welt der deinen.

Doch wisse: Selbst wenn du mir den
Raum nicht gibst, geboren zu werden,
bin ich bei dir, denn untrennbar
ist mein Leben dem deinen verbunden.
Ich bin dir zugedacht seit ewigen Zeiten,
es liegt an dir, ob ich Form annehme oder nicht.

# Das Vertrauen

*Als müsst ich mit nassem*
*Holz Feuer machen, glaube und bete ich*
*mit Entschlossenheit*
*und Zuversicht für den Sieg der Liebe,*
*des Mitgefühls, des Mutes,*
*der Weisheit und des Lichts.*

Die neue Wirklichkeit ist da.
Es liegt an dir, sie mit den Augen der Moral, der Erfahrung
und der altvertrauten Wunsch-Vorstellungsmuster zu
betrachten oder dich wie ein Kind in sie fallen zu lassen.
Dein Handeln im Moment folgt mysteriösen Gesetzen,
die nicht notwendigerweise deinem Denken und Wägen
entspringen, sondern scheinbar ohne dein bewusstes Zutun
aus dir wächst. Das ist gut so. Deinen Körper mitzunehmen
in die neue Wirklichkeit ist ein schwieriges Unterfangen.
Doch sei unbesorgt, auch er wird sich verändern,
seine Funktionen und Möglichkeiten ausgeweitet werden.
Alle Erfahrungen im Moment scheinen Raketen zu sein,
die auf die Mauern deines Herzens abgeschossen werden,
um sie einzureißen, ganz, um das reine Herz freizugeben,
das keine andere Wahl mehr hat, als zu lieben, Liebe
zu erfahren und zu sein in allen Aspekten….
Du hältst noch ein bisschen an deiner Bedürftigkeit fest,
um deine Wünsche nicht zu verleugnen,
du hältst an deinen Wünschen fest, aus Angst sie zu verlieren.
Befreie sie aus dem Wirrwarr des Denkens und Zweifelns.
Die Erfüllung ist hier, ist in dir, wird dir ständig
vor Augen geführt, reicht dir die Hand.
Du nimmst sie nicht an, weil du es vorziehst,
bedürftig zu bleiben, trotzig wie ein Kind
.Stell dir ein Baby vor - hungrig.
Seine Mutter bietet ihm ihre Brust.

Glaubst du, dieses Kind würde nur einen
Moment lang zögern,
sie um Beweise fragen, oder den
Nährwert der Milch anzweifeln?

Nun so ähnlich ist deine Beziehung zu Allem was ist,
nur mit dem Unterschied, das du Fragen stelllst,
nach Beweisen verlangst und jener Stimme,
die dich mehr berührt, als alles andere,
viel zu wenig vertraust.
Warum fürchtest du den letzten Schritt so,
jene Hinwendung zur Quelle,
die wie eine Verschmelzung ist?
Warum fürchtest du dich davor, den Blick vom Außen
abzuwenden und das Göttliche in dir selbst zu erkennen?
Hast du Angst, dass da keine Hände sind, dich zu halten,
kein Körper, den du berühren kannst?
Falsch - ganz falsch! Alles was ist hat alle Hände
dich zu berühren, alle Augen dich zu erkennen,
alle Herzen dich zu lieben und alle Sinne dich zu erleben.
Erst deine Hinwendung zu dieser ewig sprudelnden Quelle
bringt die Erfüllung hervor, innen und außen.
Gewöhne dich daran zu finden.
Die Suche scheint zu Ende zu sein.
Vertrauen ist alles.
Vertraue dir/deinem Selbst und in die göttliche Führung.
Zu vertrauen, dass etwas passieren wird, heißt nicht,
ständig danach zu suchen
oder die Winde zu vermessen, oder dich zu fragen,
auf welchem Weg du es erreichst.
Zu vertrauen bedeutet daran zu glauben und es geschehen zu lassen.

## Das schmerzhafte Sehnen

*Da ist viel Traurigkeit.
Eine Traurigkeit, die zu fließen beginnt,
wenn sie die Liebe berührt,
die durch Gedanken Form annimmt,
und erstarrt.*

Dein Sehnen ist so stark, dass es dich beinahe verzehrt.
Du hast es zum Selbstzweck erhoben und allmählich
zum Sinn deines Lebens erkoren.
Im besten Fall könnte dein Sehnen dich an dich selbst
erinnern, oder an das, was du verloren glaubst.

Finde die Qualität in dir selbst, nach der du dich sehnst.
Löse sie von äußeren Bildern, Personen, Entsprechungen,
mit denen du es verknüpfst.
Du kannst dich nur nach etwas sehnen, was du kennst,
was du in dir erfahren hast,
als Qualität deiner Empfindungen, deines Glücks.

Folge deiner Sehnsucht bis an ihre Wurzel,
bis du diesen inneren Zustand in dir fühlst, den du ersehnst,
und gib die Erfüllung im Außen völlig frei.

Oft sind es falsche Verknüpfungen mit bestimmten
Bedingungen, die uns am Glücklichsein hindern.
Oft ist etwas, was wir ersehnen, noch nicht in unserem
Erlebnisraum, denn manche Dinge brauchen länger,
als es uns lieb ist.
Doch wenn du die Erfüllung so in dir erfährst, als ob das,
was du ersehnst, bereits geschehen wäre,
ist das ein höchst magischer Akt, der automatisch Dinge
in dein Leben zieht, die dieser Erfüllung entsprechen.

Verbarrikadierst du dich in der
Trauer unerfüllten Sehnens,
schaffst du dir selbst eine Art von Kerker,
der es der Erfüllung im Außen
fast unmöglich macht, dich zu erreichen.

Es mag dir schwierig scheinen, doch denke daran,
die Erfüllung ist in dir, du weißt um sie,
wie sonst könntest du dich nach ihr sehnen?

Vielleicht ist dein Sehnen kein bestimmtes,
vielleicht ist es namenlos, doch es bezieht sich immer
auf eine Qualität in dir, die du vermisst.

Folge deinem Sehnen, bis du die Wurzel findest,
und konzentriere dich mit aller Macht
auf dieses Gefühl, das du vermisst.
Spüre es, und lass es dich durchdringen.

Deine Sehnsucht, sprich deine Sucht zu sehnen,
wird der Erfüllung weichen.

Sich nach etwas zu sehnen ist wunderbar,
ist eine magnetische Kraft, ein Antrieb auch,
äußerst machtvoll, wenn man sich energetisch auf die
Erfüllung konzentriert.

Das Sehnen zum Selbstzweck erhoben, ist eine Sucht,
die dich erstarren lässt und dich in der Erfüllung behindert.

# Das Unbekannte

*Erinnere dich an das Vergessene*
*verlasse das Bekannte*
*Sei offen für das Unbekannte.*

Wie oft ist es das Mysteriöse, das Geheimnisvolle,
das Verworrene und das Verhüllte, das uns den Weg weist.
Heraus aus dem Labyrinth des Bekannten,
reicht uns das Unbekannte seine Hand, um uns in eine
größere Wirklichkeit zu führen.

Verschließe dich nicht dem Geheimnisvollen, es ist in dir.
Noch unerkannt kommt es nun endlich ans Licht,
ans Tageslicht, und es wird dir Bereiche deines Selbst eröffnen,
die verschollen waren, verloren geglaubt und mehr und mehr
wirst du wachsen in diese größere Wirklichkeit hinein.

Nichts und niemand wird dir mehr unbekannt sein
weil du dich selbst erkannt haben wirst als Alles was ist.

Es sind die Schleier deines Verstandes,
die die Wände weben zwischen den Welten,
dem Bekannten und dem Unbekannten.

Dein Mut und deine Aufgeschlossenheit
werden die Schleier lüften.

Halte alles für möglich, nur dann erreichst du
die Freiheit zu wählen, was immer du willst.

# Lebensfreude

*«Lass die Sonne dein Herz durchfluten
zu einem einzigen glückseligen Orgasmus hin,
der Leben ist, immerwährendes,
sich selbst liebendes Leben, das sich erkannt hat.»*

Du wirst noch erfahren,
dass es nirgendwo in diesem Universum
eine derart umfassende Erlebnis-Emotionsbreite gibt,
wie hier auf der Erde, aus der heraus sich unendlich schöne
und gewaltige Daseinsformen entwickeln können.
Du wirst Emotionen annehmen und umarmen,
sie reifen lassen und wachsen,
bis sie zur Liebe selbst werden.
Freude wird der Impuls für all deine Handlungen sein.
Du wirst eine Möglichkeit zeigen, in dieser Welt zu leben,
in reiner Freude, Unschuld und Wahrhaftigkeit.
Sobald aller Schmerz, aller Kampf, alle Sentimentalität sich in
Liebe verwandelt haben, wird das Leben Wunderland sein,
in dem sich die dir angeborene Lebensfreude offenbart.
Du wirst Tränen der Freude weinen,
anstelle von Tränen der Angst, etwas zu verlieren,
oder den Moment nicht halten zu können.
Im unschuldigen Ausdruck des Herzens gibt es keine Grenze
zwischen den Lebenden und den Toten,
der Vergangenheit und der Zukunft, Traum oder Wirklichkeit.
Die Kraft der Liebe trägt dich mit enormer Geschwindigkeit
und eh du dich versiehst, wirst du dort sein, wo du immer
hin wolltest. Geh Risken ein, nichts kann passieren,
was deinem innersten Wunsch nicht entspricht.
Sei unbesorgt, sei heiter.

Die Schönheit des Seins ist unsagbar einfach, da schön für sich.

# Pilgerweg

*Die Reise zum höheren Selbst*

Du spürst eine große Sehnsucht nach dir selbst,
nach dem «Ich» das hell am Himmel als Stern erstrahlt.

Manchmal siehst du ein Gesicht am Horizont
und gehst darauf zu.
Du spürst die Fäden wie eine lichte Schnur,
die dich mit deinem wahren Selbst verbinden.
Das Ganze und das eine sind beide in dir,
lass sie sich endlich finden.
Es ist so, als ob das All–Eine sich spaltet.

Ein Teil des Bewusstseins bleibt all–ein,
der andere Teil erfährt sich in der Getrenntheit,
in der Illusion von Raum und Zeit.
Das Sehnen dieser beiden Teile hat Evolution
und den «Heimweg» hervorgebracht.
Das Sehnen ist ein unbeschreibliches.
Der beschränkte Teil sehnt sich nach Erfüllung
und nach der Erfahrung des Ganzen.
Und das Ganze sehnt sich danach,
vom Beschränkten ganz erkannt und
geliebt zu werden.

Feiere Hochzeit in dir selbst.
Das Ganze ist nicht zu groß für das Kleine
und das Kleine nicht zu klein für das Ganze.

Die Spaltung zwischen deiner Seele
und deiner Person ist in Wahrheit keine,
doch solange du sie als getrennt erfährst,
werden sie unablässig nacheinander suchen,
um in deinem Bewusstsein zu verschmelzen.

Erkenne in deinem so genannten Menschsein
die Essenz, die der Ausdruck der Ganzheit ist.

Deine Seele bist du – ganz.
Du bist ihre Tiefe und ihr Leben.
Sie dankt dir für deine Gefühle.
Durch dich kann sie sich erfahren als Mensch.

Sie dankt dir für deinen unendlichen Mut,
deine Kraft und dein Vertrauen.
Ihre Liebe für dich ist ewig.

So wie du dich ihr öffnest und geöffnet hast,
wird auch deine Seele aufgehen
im Großen und ganz Großen.
Alles ist eins.
Alle Stationen des Weges sind Facetten des
Bewusstseins, und alle Stadien sind beseelt, ewig.

Es ist die Reise vom ich zum ICH.

Es wird keinen Unterschied mehr geben,
zwischen der Person und deinem Wesen.
Deine Person wird dein Wesen sein
und dein Wesen wird all die Nuancen beinhalten,
die das Menschsein zu diesem Kristall machen,
der in allen Farben leuchtet.

Die Welten vereinen sich in dir,
die Leben, die Aspekte.

Nicht mehr den Urgrund verlassen wirst du.
Im Zentrum des Rades wirst du sein
und wie eine Sonne leuchten.

# Das Oeffnen der Sinne

Erlaube dir selbst, vollkommen frei zu sein.
Folge der Freude deines Herzens und öffne deine Sinne.
Deine Wahrnehmung, die aus den physischen Sinnen erfolgt,
verbunden mit einer Haltung der Liebe,
ist ein Torweg zu höherer Empfindsamkeit.

Je mehr du deinen physischen Sinnen erlaubst,
sich zu öffnen,
desto mehr wird dir die Schönheit des Seins bewusst,
und durch das Empfinden der Schönheit
öffnet sich dein Herz wie eine Blume aus Visionen,
Gerüchen, Geschmäckern, Berührungen und Tönen.
Es ist nicht wichtig, ob dir die Dinge,
die du wahrnimmst, gefallen.
Werte sie nicht.

Erlaube dir selbst, dich als wahrnehmendes,
empfindendes Wesen zu erfahren, anstatt dich
in der Bewertung des Wahrgenommenen zu verlieren.
Es ist die Sensation,
dich als empfindendes Wesen wahrzunehmen,
die deinen Bezugspunkt verschiebt
und dich zu deiner wahren Identität führt.
Atme Lebensenergie ein und aus,
und fühle dich selbst als pulsierenden
Ausdruck von allem was ist.

Das bringt dich zu einer Einheitserfahrung mit allem und du
gehst automatisch in Resonanz mit höheren Reichen,
da die gefühlte und erlebte Realisierung des Einsseins mit allem,
die Grundlage für alle höheren Lebensformen ist.

Engel der Liebe

Die Liebe begegnete dir in der Mitte des Waldes.
«Komm,folge mir», flüsterte die Liebe, «ich werde dich führen.»
DU: «Wohin willst du mich führen?»
«Das wirst du sehen», sagte die Liebe.
DU: «Ich will aber jetzt wissen,wohin du mich führst.«
«Aber das ist ganz unmöglich» sagte die Liebe,
«das liegt nicht in meinem Wesen.«
DU: «Dann kann ich dir nicht folgen.»
«Es ist ein Ort der Freiheit», sagte die Liebe
DU: «Das ist mir zuwenig.«
«Es ist ein Ort des Friedens, des Einsseins,des Teilens.«
DU: «Ja,aber ist er von Dauer?«
«Wenn du diesen Ort erreichst, wird er von Dauer sein,
denn er ist in dir», sagte die Liebe.
«Das ist mir zuwenig», sagtest du und die Liebe wich zurück
und weinte.
DU: «Wie ist der Weg?»
«Abenteuerlich, voller Gefahren, steinig und alles verlangend,
aber solange du mich beschützt, kann ich dich beschützen.»
DU: «Was müsste ich tun?»
«Vertrauen», sagte die Liebe, «ganz-nicht in dich,
nicht in einen Menschen –
in die Liebe selbst – nur sie kennt den Weg.»
DU: «Was sind die Gefahren des Weges?»
«Ach es sind so viele», seufzte die Liebe, «Angst, dich zu verlieren,
Angst, das zu werden, was du bist,
Angst, zurückgestossen zu werden, Angst zu versagen,
das Klammern an vermeintliche Sicherheiten.»
«Warum sollt ich dir trauen?»,
fragtest du. «Weil ich dich liebe», sagte die Liebe.

Liebe und Unschuld

Hast du die Liebe gefunden?
Wie wunderbar das ist.
Mit ihr zu sein, bedeutet das Leben zu achten.
Das Leben selbst zeigt dir Abermillionen
Facetten des Seins.
Mit ihr zu sein, bedeutet dich in allem
und durch alles zu erfahren.
Durch jede einzelne Berührung offenbart sich dir
der Sinn der Schöpfung.

Fühle das Weibliche in dir, vom Anbeginn der Zeit.
Verletzlich, stark, bestimmt durch völlige Hingabe,
jenseits von aktiv und passiv, ist es, in jedem Moment,
ein Kelch der Liebe.

Fühle das Männliche in dir, das andere – nicht gleich -
stark, formend, schützend.

Die beiden lieben einander, das Eine im anderen.
Ihre Vermählung in Liebe, Lust, Zärtlichkeit
und Mitgefühl, in absolutem Vertrauen,
und völliger Hingabe hat Welten erschaffen.
Jeder Gedanke, aus der Liebe geboren, ist Schöpfer,
jedes Gefühl gebiert Landschaften, sogar
ein Augenzwinkern eröffnet oder beschließt Aeonen.
Hast du die Liebe entdeckt und in ihr das absolute Sein
jenseits jeglicher Vorstellung?
Hast du dich selbst als verwundbar erfahren,
als ewig, als all das, was du bist?
Hast du erkannt, dass die Liebe immer mit dir war,
auch in Momenten des Alleinseins? Erinnere dich…
Sie war dort. Erinnerst du ihren Geruch,
ihre Arme, ihr zärtliches Flüstern?

Damals konntest du sie nicht sehen,
doch sie war immer bei dir. Sie war es,
die dich am Leben hielt.
Es war ihre Berührung, die du begehrtest.
Es war ihr Geist, der dich inspirierte.

Mit ihr zu sein, in ihr zu leben
ist die Erfüllung aller Träume, die du je geträumt.
Du bist zuhause in ihren Armen, in dir selbst.
Manchmal fürchtest du dich ein bisschen,
denn du kennst dich selbst nicht mehr.

Dein altes Selbst ging verloren in der Liebe.
Du bist glückselig, du bist in Tränen
und doch weißt du nicht,
wer da weint oder lacht.
Du weißt nicht, was mit dir passiert ist,
mit deinem fragenden Geist,
mit deinem wandernden Herzen.

Möge das Vertrauen Brücken bauen,
möge die Sonne der Gewissheit
jeden einzelnen Zweifel
auflösen wie Wolken am Horizont.
Die Liebe hat dich gefunden,
nicht länger bist du getrennt.

Fühl die Geborgenheit,
erinnere die Einheit.
Du bist ein einzigartiger Tropfen
im unendlichen Meer der Liebe.

# Das Ende der Suche

## Die Hochzeit im Innern

*Das Schweigen breitet sich aus in dir wie eine*
*still wachsende Knospe, die erst voll erblüht,*
*die Sprache erweckt- entdeckt- gebiert.*

Du sasst am Fenster, lange Zeit-
Auge überall, oben und unten,
auf der Suche nach einem anderen Auge,
einem sehenden Auge wie deinem.
Ganz Seele, sehnende Seele,
sasst du am Fenster,
und suchtest nach einer anderen Seele,
sehnend wie deine,
ein bisschen wie deine,
und du dachtest Zeit, dass du aufhörst.
Zeit, dass du dein Auge schliesst,
dein suchendes Auge
und nach innen blickst,
auf deine sehnende Seele blickst,
und da fandest du,
dass es Zeit wäre aufzuhören,
dass es Zeit wäre für deine Seele,
aufzuhören mit dem Sehnen immerzu,
dass es Zeit wäre für deine Seele
ruhig zu sein,
still zu werden.
Und sie wurde ganz still,
die sehnende Seele.
Und es war still um dich,
und still in dir,
ganz plötzlich-ganz still.
In diese Stille wurde etwas geboren.
Langsam und zart
regte sich ein Herz,
ein einsames Herz. Ganz all-ein in der Stille,
überall, innen und außen.

Und das Herz stieß einen Schrei aus,
wie es so ist,
wenn etwas zu atmen beginnt.
Und es begann die Stille zu füllen
mit seinem Atem,
überall, oben und unten,
innen und außen,
nicht mehr alleine,
denn der Atem war mit ihm.
Überall.
Und das Herz vermählte sich
mit dem Atem,
und du warst Zeuge,
innen und außen.
Jemand stand neben dir,
ebenso Zeuge.
Und du kanntest ihn.
Deine Seele kannte ihn von früher,
als sie noch ganz sehnende Seele war,
und dein Auge kannte ihn,
von früher, als es noch suchendes Auge war –
überall, oben und unten,
erkanntet ihr euch
in der Stille,
als Zeugen der Hochzeit
zwischen Atem und Herz.

Wenn du diese Karte ziehst, ist es für dich an der Zeit,
still zu werden, nach innen zu blicken
und die Suche im Aussen zu beenden.
Wenn du dich in dir zuhause fühlst,
wirst du überall zuhause sein.
Dein Partner wird vor dir stehen
und ihr werdet beide zu Zeugen der wahren Liebe,
die jeden Atemzug des Seins durchströmt.

# Die Voegel

Götterboten

Das Göttliche spricht nun direkt zu dir.
Es ist deine Wahl ,ob du ihm folgst oder nicht.
Du bist nun bereit, Nachrichten aus der «anderen Welt»
zu empfangen. Die Vögel der Seele und des Friedens
beruhigen den Geist und bringen himmlischen Segen.
Sie sind als Götterboten bekannt und wechseln die Ebenen mit
Leichtigkeit. Deine Wahrnehmung ist freier geworden.
Noch sieht man die Schlacken der vorgefassten Meinungen
und Gedankenmuster auf der Linse, durch die du die Welt
betrachtest. Diese Reste schwinden und du bekommst
ein klares Bild von dem, was da draussen auf dich wartet
Löse dich von vorgefassten Meinungen und Wertungen.
Sei offen wie ein Kind.
Die Ankunft der Götterboten ist ein Segen, denn sie verschaffen
dir Zutritt in andere Räume, Dimensionen und Perspektiven.
Du stehst am Beginn einer aufregenden Veränderung
in deinem Leben.
Es ist zu vergleichen mit einer Reise in das grosse Unbekannte,
in das Reich deiner Seele, deiner Träume, in Welten von
unwahrscheinlicher Komplexität.
Die Vögel sind Boten eines neuen Morgens.

Dein Bewusstsein wird sich weiten,und der grössere Rahmen
wird erfahrbar für dich. Es liegt an dir, die letzten Schlacken
auf dem Fenster deiner Wahrnehmung zu entfernen,
alte Schmerzen zu heilen und nochmals zu überprüfen,
was du wirklich im Leben willst.
Der Weg in die »andere Welt« steht dir frei. Jederzeit kannst du
fortan mit jenen Bereichen des Seins kommunizieren,
die sich den physischen Sinnen entziehen.
Sei offen und reinige deine Gedanken
von vorgefassten Meinungen oder Ängsten.

Lass es still werden in dir,und werde empfängnisbereit wie ein
Kelch, so wirst du klar und deutlich die Botschaft empfangen.

# Frieden

Wie ein Kreisel, noch schwindlig vom
Sichdrehen vergangener Jahre,
nun zum Stillstand kommt,
kommt nun auch dein Gedankenkarussell
zur Ruhe - endlich.

Es wird still in dir und um dich.
Ruhe zieht ein, und legt sich wie eine
Glocke über deine Seele.
Die Vergangenheit wird akzeptiert,
die Zukunft im Jetzt gesät.
Frieden liegt über der Gegenwart.

Laute Gedanken, Zweifel und Ängste verflüchtigen sich.
Heitere Gelassenheit tritt an ihre Stelle.
Tief in dir ruhst du - warm und weich ist die Geborgenheit,
die du erfährst.
Du nimmst dich an, so wie du bist, in Liebe und Achtung
und gestehst den Anderen ihre Andersartigkeit zu.
In jedem Wesen siehst du einen
einzigartigen Ausdruck des Einen.
Hoffnungen und Ängste lösen sich auf,
in diesem Meer der Akzeptanz.

Friede liegt über der Stadt deiner Gedanken.
Götterboten kommen zu dir – jetzt –
da du bereit bist, zu hören.
Du leuchtest von innen, das Licht ist entzündet,
Schatten weichen.
Fragen gehen Hand in Hand mit Antworten,
und die rastlose Suche findet ihr Ende.
Du bist nun bereit zu empfangen.
Keine Frage, kein Zweifel stört deine Ruhe.
Nichts fehlt dir- die Erfüllung ist hier und jetzt..

Alte Wunden verheilen und du erkennst,
dass alles, was du je erfahren hast,
oder dir widerfahren ist,
unabdingbarer Bestandteil des Weges war,
der dich zu dem Menschen gemacht hat, der du heute bist.
In Liebe und Dankbarkeit siehst du
die sich entfaltenden Wege, und in allen verstehst du dich,
nicht als Opfer oder Täter, sondern als einzigartiges Wesen,
das sich in seiner Menschlichkeit erfährt.
Du siehst die Früchte deines Tuns in deinem Bewusstsein,
in deiner Beziehung zu anderen.
Vollkommen sicher und eins mit dir,
bist du mit allem versöhnt.
Frieden ist ein Geschenk, das aus der Fähigkeit erwächst,
Dinge einfach sein zu lassen.
Dies entspringt keiner Haltung der Passivität,
sondern einer Offenheit,
jegliche Erscheinungsform für möglich zu halten.
Oft hast du deine Kraft im Widerstand verloren
und erbittert gegen Umstände gekämpft,
die deinem inneren Wesen widersprachen.
Gedanken wie: «Aber das kann ja gar nicht wahr sein,
das darf es doch nicht geben,etc»,
erschöpfen dich und deine Kraft.
Die Fähigkeit,Dinge einfach wahrzunehmen,
(das heisst nicht unbedingt sie gutzuheissen),
im Wissen um ihre Veränderbarkeit,
ist ein äusserst machtvolles Tor zu friedvollem Wirken.
Wahrer Friede ist eine ungeheure Kraft,
sanft und weich, doch alles durchdringend.
Einfach,wie von selbst, wirkst du aus dir heraus
und berührst andere mit deinem Wesen.

# Gespaltene Persoenlichkeit

Betrachtest du dieses Bild, so siehst du ein Gesicht,
weiss und zart, das hinter zwei Gesichtshälften erscheint,
die unverkennbar dieselben Züge tragen wie das ganze Gesicht,
nur dunkler sind und gespalten.
Dieses Bild ist umgeben von zwei konzentrischen Kreisen.
Die Kreise stehen für den Kreislauf des Lebens, für Veränderbarkeit
und Wechsel in der manifesten Welt. Sie stehen auch für Ganzheit
und Gleichzeitigkeit, für das in sich geschlossene Selbst,
das Unendliche, die Ewigkeit. Der Kreis steht auch für die
Aufhebung von Zeit und Raum, für die Zeitlosigkeit ohne Anfang
und Ende. Die Dynamik liegt in der Vereinigung der Gegensätze.
Der Weise hat das bewegungslose Zentrum erreicht.
Er kann das Rad bewegen, ohne selbst bewegt zu werden.
Inmitten dieses Kreislaufs begegnest du dem einen Gesicht,
dem wahren Selbst, das hinter der gespaltenen Maske
deines Selbstbildes erscheint.
Dieses Bild zeigt dir einen fundamentalen Prozess in deiner
Gegenwart, in dem das Wesen erstarrte Strukturen durchbricht und
die Maske, die du dir selbst erwählt hast, sich spaltet. Deine
Befindlichkeit in diesem Prozess hängt in hohem Masse davon ab,
womit du dich identifizierst. Hängst du noch an der Maske,
werden dich die beiden Gesichtshälften zu zerreissen drohen,
denn sie werden, von dir, als zwei einanderwiderstrebende
Persönlichkeitsanteile erfahren. Du befindest dich in einer
Situation, in der es dir nicht möglich scheint, eine klare
Entscheidung zu treffen. Gewohnheit und Angst, Vernunft und
Hoffnung, Schmerz und Sehnen, Mitgefühl und Selbstliebe führen
einen erbitterten Kampf in dir. Du bist in der Hölle zwischen Ja und
Nein. Du weisst nicht, was du, eine bestimmte Situation betreffend,
tun kannst, sollst oder willst. Dein Wissen, deine Erfahrungen können dir nicht helfen, eine klare und sichere Entscheidung zu treffen.
Du fühlst dich hilflos, überfordert, zerrissen.
Du beginnst an deinem Verstand zu zweifeln und einen Ausweg
siehst du nicht. Manchmal sind diese Situationen dazu angetan,
dich tiefer graben zu lassen, einen grösseren Kontext zu entdecken.

Wende deinen Blick von der allfälligen Entscheidung ab und richte ihn nach innen,zu deinem wahren Wesen hin.
Dein Herz und deine Intuition werden dir ein Gefühl für dich selbst vermitteln für das, was du bist,
jenseits irgendwelcher Entscheidungen.
Das Gespaltensein zwischen Ja und Nein birgt die Gefahr, sich im Dazwischenzu verlieren, sich selbst nicht mehr wahrzunehmen, im verzweifelten Versuch, eine Entscheidung zu treffen.
Richtest du den Blick nach innen, wirst du bald bemerken,dass sich die Frage in dieser Situation, in dieser Form gar nicht stellt.
Sei es, weil du innerlich die Konsequenzen der Entscheidung nicht tragen könntest oder du die nötigen Informationen nicht hast, diese Entscheidung treffen zu können. Auf jeden Fall stellt die Unerträglichkeit der äusseren Situation die Weichen zu einer wirklichen Selbsterfahrung, das heisst: Innehalten, dich ganz und gar deinem Inneren zuzuwenden und die Identifikation auszuweiten auf das Wesen selbst. Sobald das geschieht, ist die Entscheidung hinfällig oder getroffen und der grössere Kontext oder Rahmen wird sichtbar.
Diese Situation mag dir auch zeigen, dass du in dir nicht ganz bist und dient in hohem Ausmass der Heilung.
Wenn der äussere und innere emotionale Druck zu gross wird, kann es sein, dass deine erstarrten Strukturen zerbrechen und dein inneres Wesen hervorbricht, zart-rein-ganz. Nur in deiner Ganzheit kannst du befriedigend und dir gemäss wählen.
So werde heil in dir, der Rest erledigt sich von selbst. Der Same deines Seins wird wachsen, bis die Früchte, wenn die Zeit reif ist, klar und deutlich aus dir fallen.
Nähre den Samen und verlasse das Schlachtfeld halbherziger Entschlüsse.
Suche das eine Gesicht hinter all deinem Wünschen und Wollen, deinen Ängsten und Schmerzen und es wird dir klar und deutlich den Weg weisen aus dem Labyrinth.

# Die Notwendigkeit des Wandels

Wenn du diese Karte ziehst, ist es ein Zeichen,
dass du gewohnte Erlebnisbereiche verlassen musst,
innen und außen.

Vielleicht hast du zu lange an Überzeugungen,
Glaubensmustern oder falschen Sicherheiten festgehalten,
die deiner weiteren Entwicklung nicht mehr dienlich sind.
Vielleicht steht ein Ortswechsel bevor,
der dich unvorbereitet trifft.
Auf jeden Fall ist es ein Aufbruch, der Beginn einer Reise.
Deine Seele, symbolisch dargestellt durch den Schmetterling,
die Bestimmtheit, beziehungsweise deine natürliche Autorität,
und das Licht des Bewusstseins werden dich dorthin führen,
wohin es dich in Wahrheit verlangt.
Fürchte dich nicht und nimm die Veränderung an,
auch wenn sie erzwungen scheint.
Das Leben in seiner unendlichen Weisheit stellt dich
immer an den Platz, der deiner Entwicklung förderlich ist.
Fühl dich nicht als Opfer. Deine Seele kennt deinen Weg.
Oft bedarf es einer Reihe höchst turbulenter
und manchmal schmerzhafter Einschnitte in die gewohnte
Lebensweise, die in Wahrheit gesehen, bewusstseinsfördernd
und erweiternd sind, da meist erst in dieser Situation
die Notwendigkeit zur Veränderung akzeptiert und diese dann
auch vollzogen wird, beziehungsweise sich vollzieht.
Die Träger des Lichts sind Menschen,
die in sich die Fäden spüren,
die sie mit den anderen und dem Ganzen verbinden.
Es ist nur eine Frage der Zeit, bis deine Fähigkeit,
als Teil des Ganzen und trotzdem individuell zu leben
und zu schöpfen, genutzt werden kann.
Auch du bist ein Träger des Lichts
und wirst mit deinem Bewusstsein die Welt erhellen.

# Die lichte Burg

Die lichte Burg ist bedroht.
*Es ist der unerschütterliche Glaube an das Gute, das Wahre,*
*an das eine schattenlose Licht,*
*der dir die Ruhe gibt und die Hoffnung.*
Die lichte Burg ist eine Festung des Glaubens,
der Zuversicht, der Liebe und des Lichts.
Die Angst, die Verzweiflung, der Schmerz und der Verrat
scheinen den Glauben und die Kraft auszulöschen.
Lass es nicht zu. Verbanne jede Lüge aus deinem Herzen,
aus deinem Sein und aus deinem Handeln.
Erlaube es der Angst nicht, deinen Blick zu trüben
und dich in Sinnlosigkeit zu verlieren.
Glaube an die Unbesiegbarkeit der Liebe und der Gnade.
Du bist ein lebendiger Beweis dafür.
Erlaube es der Angst und dem Schmerz nicht,
die lichte Burg zu zerstören.
So wie du sie beschützst, beschützt sie dich.
Achte und liebe deine Gefühle.
Nehme deine Emotionen wahr, aber erlaube ihnen nicht
die Herrschaft über deinen Willen.
Folge der Freude deines Herzens,
auch wenn es manchmal nicht leicht scheint.
Manifestiere Wunscherfüllung in dir selbst
und sie wird vor dir stehen.
Die letzte Zeit war schwierig für dich.
Mächtige Turbulenzen haben dich erschüttert.
Manchmal scheint es dir, als ob die Menschen alles,
was rein und gut ist, verletzen wollten.
Es gibt viele Arten des Dunkeln.
Die unter den Menschen häufigste Art ist das Unbewusste.
Viele leben, getrieben von Scham und Schuld, Angst und Neid
und wollen keine Zeugen für ihre Lügen und
Unzulänglichkeiten. So verletzen sie und werden verletzt,
ohne je innezuhalten, um ihre Wunden zu heilen.

Halte Frieden in dir und glaube.
Es ist wichtig, dass du den Focus hältst.
Ohne deinen Glauben an die Liebe gibt es wenig,
was du der Verwirrung entgegensetzen könntest.
Für alles, was du fühlst, gibt es Entsprechungen
in einer sehr konkreten Realität,
die zu schauen, dir im Moment noch verwehrt ist.

Doch wirst du sehr bald in diese Bereiche
deines Seins geführt werden und und deine bekannte
Realität wird dir erscheinen wie ein Aussenposten dieser
Wirklichkeit, von tausend Schleiern umhüllt.

Die lichte Burg ist real, so auch das Geheime Reich.
Dein Weg ist atemberaubend.
Du bist eine Idee, vollkommen manifestiert in
Fleisch und Blut.
Du bist ein Wesen höchster Herkunft
und alles ist vereint in dir.
Deine Seele ist aus dem Möglichen hervorgetreten,
als manifeste Person, als Hüter der Liebe und des Lichts
und deinem Mut werden andere folgen.

Es ist bewundernswert mit welcher Konsequenz,
Stärke, Verletzlichkeit und Offenheit du den Weg gehst.
Nichts lässt du zurück, was sich noch unerlöst
an alte Schmerzen klammert.

Das Geheime Reich steht auf in dir und du gehst,
vollkommen geheilt ,in einen neuen Morgen.
Forciere nichts in dir - kein Gefühl,
keine Stimmung, keine Entscheidung.
Vertraue dir ganz und lass dich selbst geschehen.

# Die Maske des Todes

*Der, der den Tod fürchtet*
*hat Angst vor dem Leben.*
*Der, der das Leben umarmt,*
*wird den Tod überwinden.*
*Der, der den Tod umarmt,*
*wird angstfrei leben.*

Du fürchtest kaum etwas mehr als den Tod,
und doch begegnet er dir täglich.
Körperzellen sterben und erneuern sich.
Möglichkeiten verflüchtigen sich,
während andere wahr werden.
Träume, Wünsche, Ängste und Hoffnungen sterben
und werden geboren.
Es ist eine unendliche Schleife von
Sterben und Geborenwerden.

Der Tod verbirgt sich hinter vielen Masken,
doch eine davon ist das Leben.
Geburt und Tod gehen immer Hand in Hand.
Sie sind untrennbar und eins.
Sie scheinen einander gegenüberzustehen,
doch in Wahrheit ist jede Geburt ein
Tod und jeder Tod eine Geburt.

Dies ist eines der grössten Geheimnisse des Lebens
und bald wirst du es verstehen.
Dir wird sich aus dieser Erkenntnis
eine ungeheure Kraft eröffnen,
der nichts unmöglich ist und deine Ängste
werden von dir abfallen, wie welke Blätter vom Baum.
In der Akzeptanz dieses Wissens liegt das Geheimnis
des ewigen Lebens, das du in jedem Moment erfahren
kannst, sobald du den Tod erkennst, als das was er ist.

Er ist ein Produkt einer Wahrnehmung, die auf der Illusion
der Trennung gründet und daher angstgeboren ist.

Diese Wahrnehmung hat unsere momentane Erlebniswelt
hervorgebracht und in ihr hat der Tod auch eine gewisse
Endgültigkeit, in dem Sinne, dass gewisse Dinge in ihrer
bekannten Form unserem Erleben nicht mehr mit unseren
gewohnten Sinnen wahrnehmbar sind und sozusagen aus
unserem Erlebnisraum hinaussterben.

Doch stelle dir einen Raum vor, in dem alle Räume enthalten
sind, auch alle Erlebnis - und Wahrnehmungsräume und wo es
nur auf deinen Focus und die Perspektive ankommt,
was du als deine Realität bezeichnest.

Stelle dir nun vor, dass deine wahre Realität
alle möglichen Perspektiven und Erlebnisräume gleichzeitig
umfasst und ebenso deine wahre Identität.
Stelle dir nun das Bewusstsein deiner wahren
Identität vor, das in der Lage ist , dies alles gleichzeitig
aufzunehmen und zu erfahren.

Meinst du, dass dieses Bewusstsein von Tod spricht,
nur wenn es seinen Focus ändert und seinen Erlebnisraum
verlegt oder sich seiner Hüllen entledigt, die unmittelbar aus
den Bedingungen des einen Erlebnisraumes erwachsen sind?

Was immer du glaubst oder nicht, fürchte den Tod nicht.

Solange du an ihn glaubst, nimm ihn als Teil des dir bekannten
Lebens an, doch nimm dir die Zeit über den Tod hinaus zu
fühlen, deine wahre Identität zu erspüren,
denn in ihr ist das ewige Leben.

# Das Gesicht des Lebens

Es gibt einen Moment in jedes Menschen Leben,
an dem sich ihm das ewige Geheimnis unmittelbar offenbart.
Sei es eine schicksalshafte Begegnung,
sei es ein unverhoffter Glücksfall,
oder ein tief innerer Moment der Besinnung, wo plötzlich
die Nebel verblassen, und du in einer Millisekunde
das Gesicht des Lebens selbst erkennst.

Du weisst nun mit absoluter Gewissheit,
dass nichts dem Zufall unterliegt,
und dass alles mit allem verwoben ist.
Fühlend erkennst du den Sinn
und die Weisheit allen Geschehens.
Dimensionen greifen ineinander und ehrfürchtig
neigst du den Kopf vor der Gnade der Schöpfung.
Nicht länger fühlst du dich getrennt.
Kein Zweifel trübt dein Wissen.
Es ist wahres Wissen, das direkt deiner Essenz entspringt,
und eins ist mit allem. In diesem Moment weisst du alles,
auch um dich selbst, jenseits von Vorstellungen und Begriffen.
Es ist dieser Moment, an dem Wissen und Sein dasselbe sind.
Du wirst dir der Wesenhaftigkeit aller Dinge gewahr,
und Worte können die Dankbarkeit, das Glück und die Freude,
die mit diesem Erkennen einhergehen, niemals beschreiben.
Es ist dir, als könntest du dem Leben bei der Arbeit zusehen,
als sähest du alle Fäden, die dich magisch
zu diesem einen Moment geführt haben.
Diese Erfahrung wird dein Leben verändern
und die Erinnerung daran, dich nie mehr verlassen.

Du bist in jedem Moment geführt und das Leben
spricht durch dein Herz zu dir.
Die Freude dieses Erkennens ist gross und gewaltig,
und niemand kann sich diesem Zauber entziehen.

# Inhalt Buch Teil 3

*Sprüche und Zauber*

## Der Kristall

*Was einstmals begraben,*
*wird heute geweckt.*
*Der Kristall soll erwachen,*
*der lange versteckt.*
*Sein Strahlen Himmel und Erde erhellt,*
*in Liebe vernetzt, zum Wohle der Welt.*
*Aus der Erde geboren,*
*im Himmel gemacht,*
*soll Bote er sein,*
*vom Ende der Nacht.*
*Seine Liebe, sein Wissen soll´n auferstehen*
*und mit der neuen Sonne gehen.*
*Der neue Tag, er bricht nun an,*
*die Menschen sich lösen*
*aus des Schmerzes Bann.*
*Liebende werden sich finden*
*und in der Liebe ewiglich binden.*
*Das Dunkle sich nun zum Lichte gesellt.*
*Es erwache der Mensch, der den Kosmos erhellt.*
*Kristall, du verborgener, ich rufe dich nun*
*Zeit ist es jetzt, dein Werk zu tun.*
*Mein Herz deinem Herzen verbunden,*
*Gleiches zu Gleichem gefunden.*
*Höre den Ruf und erhebe dich nun*
*auf dass die Menschen in Frieden ruh´ n.*

## Die Koenigin des Herzens

Ich werde Anker sein und Turm
Landeplatz und Sturm.
Ich werde in euren Herzen leben
und eure Seelen rufen.
Ich werde Mensch sein und Engel -
das, was ich bin.
Die Liebe selbst,
das tiefste Innerste wird
im Außen erscheinen,
der Weg und das Ziel.
Kein *Ich aber sage Euch* –wird es sein –
sondern ein *Ich bin.*
Jeder Widerstand stört den Rhythmus des Lichts.
Das Licht leuchtet ohne Kraft,
es ist Kraft –
was anderes könnte es sein.

*Erlöse mich von den Fallen der Scham,*
*der Tücke der Eitelkeit und der Angst zu versagen.*
*Lass mich alles sein, was du bist*
*Gott in mir, küsse mich wach!*

# Inhalt Buch Teil 3

*Gebete*

*Kein unbedachtes Wort*
*möge meinen Lippen entweichen.*
*Kein leeres Geplätscher*
*den seichten Grund trüben.*
*Ich lebe und bin wach,*
*ein träumendes Kind*
*im Wechsel mit der wissenden Seele.*
*Die Liebe wird die beiden vereinen*
*für immer –*
*So Liebe – oh Liebe - oh Liebe –*
*Du bist in allem*
*alles ist eins in dir.*
*Das höchste Prinzip –*
*der zärtlichste Gruß,*
*die Primzahl der Schöpfung .*
*Geist der Sonne*
*breite deine Strahlen aus*
*in die Herzen der Menschen,*
*auf dass sie wieder tanzen können*
*im Licht……*

*Ich bin die wunderwirkende Kraft*
*in Tätigkeit,*
*die augenblicklich alle vergangenen,*
*gegenwärtigen und zukünftigen Einflüsse*
*und Ereignisse bündelt,*
*um den Schleier der Angst*
*abzustreifen,*
*zum Wohle des Ganzen,*
*um in vollstem Vertrauen*
*und in der Hingabe,*
*als das zu erwachen,*
*was ich in Wahrheit bin -*
*ewiges Leben*
*in Liebe verwirklicht.*

# Erklaerung zum Orakel

Du kannst die Karten ziehen, wie du es fühlst. Vertraue deiner Intuition und wisse, dass dieses Buch und jede Karte selbst Bewußtsein ist, das sich dir zeigt, deinem Entwicklungsgrad, deinen Bedürfnissen, deinen Wünschen gemäß.
Manche der Karten aus dem 1.Teil des Buches erzählen Geschichten, Mythen, die dir vielleicht nicht sofort verständlich sind und dir im Moment nicht zu helfen scheinen.
Diese Karten sind wie archetypische Geschichten unseres kollektiven Bewusstseins und jede von ihnen ist im Kern unsereres Wesens und unserer Geschichte verankert.
Diese speziellen Karten würde ich nicht als Orakelkarten, sondern vielmehr als Bewusstseinskarten bezeichnen und wenn du eine dieser Karten ziehst kannst du davon ausgehen, dass sich in dir gerade ein tiefgründiger Prozess der Erinnerung ankündigt, der sich auf der Seelenebene abspielt und eine Erweiterung deiner Glaubenshaltungen mit sich bringen wird. Doch kannst du jederzeit mehrere Karten aufdecken um einen Überblick über deine momentane Situation zu erhalten. Höre erst dann auf zu ziehen, wenn du dich und deine Situation erkannt fühlst und du in der Lage bist die Komplexität in aller Einfachheit zu erkennen.

Alles Liebe
Lile

# Nachwort

Ich danke allen ,die unmittelbar am Entstehen und an der Umsetzung dieses Materials beteiligt waren, allen sichtbaren und unsichtbaren Helfern und Musen. Ich danke all jenen Wesen, die mir über mehr als 20 Jahre hinweg mit unermüdlicher Geduld und Ausdauer , Liebe und Weisheit einen Weg zeigten , als Mensch zu leben und mir grössere Zusammenhänge sichtbar machten und meinen Geist soweit öffneten, dass ich bereit bin alles für möglich zu halten, denn alles ist möglich. Ich danke auch all jenen Menschen, die an allem zweifeln, denn sie nötigten mich immer und immer wieder, noch mehr an mich selbst und meine Erlebnisse zu glauben. Im Spezifischen danke ich Dieter Hochegger für seinen tiefen Glauben an mich, Lisa Behmel für ihre massgebliche Unterstützung in Layout, Gestaltung und Umsetzung, Margarethe Kriebernegg und Gerald Stenitzer für ihre Hilfe beim Digitalisieren des handschriftlichen Manuskripts und Klaus Weber für die letztendliche Fertigstellung des Buches in der jetzigen Form und für zehn seiner Bilder, die ich verändern und verwenden durfte. Ich danke den Orten mit ihren Menschen, Tieren, Pflanzen und Elementarwesen, die mir den Boden gaben, dem Berner Oberland, Graz, Burgund, Indien, Mexico, Syrien, Libanon, Marokko , Irland und ganz speziell Glastonbury. Ich danke meinen Eltern, Margarethe und Ludwig Kriebernegg, meiner Oma Grete Schmuck, meiner Seelenfamilie und all jenen hohen Geistwesen, die in diesem Buch sich zu Wort melden.

Ich danke meinen Freunden und Verbündeten, die mit grosser Hingabe den Weg ihres Herzens gehen und gingen, im Besonderen CiaranMc Donnell, Soleira Green, Angelika Gärber, Max Novozamsky, Emanuel Raisek, Sabine Mummenthaler, Roman Widemar, Ernst Glaus, Ismael Ettaiek, Herbert und Elisabeth Traumüller, Sissi Büttner, Suse Gruber, Nora Schein, Roswitha Eder, Andrea Friedmann, Frederic Miller, Sidrid Trummer und Lisl Enders. Ich danke meinen Lehrern und Weggefährten Dr. Heinz Hartwig, Werner Fink, Federico Pfaffen, Rumi, Imhotep, Gerdonar, Merlin, KhalilGibran, Mikhael Naimy, Carlos Castaneda, Elisabeth Haich, den Frauen des Golden Dawn, Hermann Hesse, Stefan Zweig, Rudolf Steiner, Deepak Chopra, Tolkien, Marion Zimmer-Bradley ,Sai Baba, Rainer Maria Rilke und all jenen, die das Feuer der Erinnerung in mir weckten.

Ganz besonders danke ich dir, der du dieses Buch liest für deine Offenheit und deine Aufmerksamkeit.

PS:Die leeren Seiten im Buch sind nur für dich und deine ganz persönlichen Erfahrungen und Eingebungen, vielleicht auch nur zum Innehalten. Aus der Stille, aus dem Schweigen, aus der Leere mögen Worte, Gedanken, Bilder entstehen, die für dich und deine Situation wichtig sind.

# YOGA
## für
## Ganzheitliche Gesundheit

*von Angelika Gärber*
*Im Buchhandel erhältlich oder direkt hier Bestellen*
*ISBN 978-3-9503099-9-7*
*192 Seiten DIN A 4 Format*

*Heilung zwischen Himmel und Erde*

*Das Universum schickt uns Energie, Macht und unglaubliche Schöpferkraft. Und Wissen, bei dem uns die Fähigkeit es zu verwerten oft nicht gegeben ist. Dafür brauchen wir dann einen Transmitter oder Transformater um all das, was vorhanden ist, richtig zu verdauen.*
*Erst dann können wir aus der Essenz dessen eine Serie machen, für uns selbst und für andere. Diese Arbeit hat uns Angelika Gärber erleichtert mit Ihrem Buch „Yoga für ganzheitliche Gesundheit“.*
*Es hilft uns dabei nach unserem Kern zu suchen, ihn zu erforschen, und wenn wir uns entdeckt haben, uns selbst zu heilen. Heilung aus unserer Mitte heraus! Ein Knochenjob oder besser gesagt eine Lebensaufgabe. Mühsam, aber nicht unmöglich. Und eines dürfen wir nicht vergessen.Angelika Gärber hat uns mit Ihrer zwanzigjährigen Erfahrung als Physiotherapeutin und erfolgreiche Yogalehrerin mit Ihrem Buch einen Teil des Weges erspart.*
*Einen klitzekleinen.Wer sich länger mit diesem Buch auseinandersetzt, wird spüren, dass Sie sich viel Zeit für das eigene ICH genommen hat, und das ICH auch lebt. Man möchte fast meinen, dass die Kraft dieses Buches aus jeder Faser Ihrerselbst entsprungen ist. Wer Yoga in seinem tiefsten Inneren und damit sich selbst entdecken möchte,ist mit „Yoga für ganzheitliche Gesundheit“ bestens aufgehoben und wird mit einem umfangreichen Wissen belohnt. Das Buch ist geeignet für Therapeuten und Yogalehrende wie auch für Interessierte die erste Einblicke in die Welt der Yogaflows nehmen möchten.Es ist umfassend, technisch perfekt und mit Liebe geschrieben. „Ein Schlüssel zur Selbstheilung“: wie die Autorin sagt.*
*Vielleicht eine kleine Abkürzung wie wir hier auf Erden Erleuchtung erlangen*

( Daniela Drucks,freie Journalistin Steiermark/ Österreich)

*ERSCHEINUNGSTERMIN: 2012*

# *AN*
# Die vereinte Gegenwart

Ein Märchen für Kinder und Erwachsene
von
*Lilo an Eden*

*Verlag Artvisionweb*

## *Auszüge aus dem Buch AN*

### *Kapitel: Im Feenreich*

*Zuerst weiß Lilly nicht so recht, wo sie sich befindet. Sie liegt unter hohen Bäumen im Gras. Ein Rabe krächzt aufgeregt, und alles scheint ihr ähnlich zu sein wie zuhause. Aber eben nur ähnlich. Etwas ist anders. Lilly fühlt sich sehr leicht, leicht wie eine Feder und schon ist sie versucht, die Arme auszubreiten und zu fliegen, der milchig- weißen Sonne entgegen, die den ganzen Wald in ein bläulich weißes Licht braucht. Plötzlich hört sie, scheinbar aus dem Nichts, eine mahnende Stimme. » Warte, Lilly warte!« Zwei funkelnde Augen, die Augen des Schmetterlings, schauen sie vorwurfsvoll an.*

*« Ja, ja kleine Lilly, kaum bist du hier, willst Du schon wieder davon fliegen. Geduld, mein kleines, Geduld!« Bevor Lilly etwas erwidern kann, ist der Schmetterlings verschwunden. Jetzt erst bemerkt Lilly die Vielzahl am Blumen, an Düften, und sie sieht Bäume, uralte Bäume, mit Misteln bewachsen. Alles, was sie sieht, gefällt ihr, doch so sehr sie sich auch umblickt, sie sieht keinen einzigen Menschen.« Hallo«, ruft sie laut,« ist da jemand?« Auf ihr Rufen erhebt sich ein Raunen im Walde, ein Rascheln und Singen, sogar die Luft scheint zu vibrieren. Alles will gleichzeitig seine Anwesenheit bekunden. Ganz erschrocken von so vielen Antworten, verstummt Lilly. Nach einer Weile flüstert sie ganz leise:« Wo bin ich hier?« »Im Feenreich« tönt es von allen Seiten zurück »Und nicht zum ersten Mal » kichert den Wurzelmännchen.« Nein , nicht zum ersten Mal »,schreit die Eule ,«Wir kennen dich ,kleines stolzes Mädchen«, singen der Elfen.« Lang warst du weg«, rascheln die Blättert, »Du musst dich erinnern!« säuselt der Wind .«Du musst dich erinnern!«singt der Bach. »Du musst dich erinnern!« schreit Lilly's Herz .«Wie, wie kann ich mich erinnern?*
*« Der Schlüssel liegt vergraben im Haus, am Ende des rückwärtigen Weges. Geh´ durch das erste Tor der Zeit und finde deine Vergangenheit.« Der Spruch scheint aus dem Nichts zu kommen und doch von allen Seiten zugleich. Lilly hört ihn und hört ihn  nicht, vielmehr spürt sie mit aller Deutlichkeit das Gesagte. »Wo,« ruft sie,« wo finde ich den rückwärtigen Weg?« Gleichzeitig mit der Frage formt sich die Antwort: »Wünsche, Kind, wünsche, dein Herz wird dich führen ,wohin es dich verlangt . Dieser Spruch geht Lilly durch und durch, und sie wünschte sich von Herzen den Weg zu finden, der zur Vergangenheit führt. Sie schliesst die Augen und spürt wieder den Wind ,oder ist es der Traum, der mit mächtigen Schwingen sie trägt, durch Tore so gross, wie ein Mauseloch klein, durch Räume so weit, wie ein Nadelöhr breit. Als sie wieder Boden unter den Füßen spürt, steht sie vor einer Mauer aus Stein, undurchdringlich und kalt.« Mein Gott, was soll ich hier«, bricht es aus ihr heraus. So weit das Auge reicht, nur Steine , nichts und niemand außer ihr und den Steinen. »Was soll ich hier an«, ruft sie laut,« Wo bin ich?«*
*» Dies ist der Anfang des rückwärtigen Weges. Du wolltest dich erinnern.«*

*Lilly ist es nun schon egal, ob wirklich jemand mit ihr spricht, oder ob sie sich das Gesagte nur einbildet.*
*»Ja, ja, ich weiß-aber es sind doch nur Steine »,schluchzt sie verzweifelt. »Nur Steine und ich ganz allein.« » Erstens Lilly ,bist du nicht allein. Zweitens ist es dein rückwärtiger Weg, drittens sind wir keine Steine. Schau genau, kleines Mädchen , schau genau!«*
*»Nein, ich will nicht«,ruft Lilly. »Ihr seid alles Steine -dumme, kalte Steine und ich will weg hier- sofort!« Lilliy schimpft wie ein Rohrspatz, sie tritt gegen jeden Stein, der ihr zu nahe liegt, doch jedes Mal wenn sie einen Stein berührt, berührt sie sich selbst und es tut weh, nicht am Fuß, nicht am Kopf, nein -in Lilly's Herz tut es weh, und bald schon lässt sie es bleiben. »Was seid Ihr, wer seid Ihr«, fragt Lilly ganz zaghaft. »Wir sind Verletzungen, kleines Mädchen, wir sind Ängste, Schmerzen - all das, was dich hindert, den rückwärtigen Weg zu gehen. »Wie komm ich dann zur Vergangenheit?« » Du musst verzeihen, kleines Mädchen,, den anderen und dir selbst, du musst vertrauen kleines Mädchen. Wenn du dich erinnern willst, musst du die Steine lieben, dann verschwinden sie, lösen sich einfach auf. Lilly berührt staunend einen Stein, streichelt ihn mit den Fingerspitzen und bemerkt, wie er unter ihren Händen immer wärmer wird, wärmer und weicher, bis er schließlich unter ihren Fingern beginnt zu schmelzen, sich einfach aufzulösen .«Wir sind die schmerzhaften Erinnerungen, Lilly, wir alle zusammen bilden das erste Tor der Zeit. Der Schlüssel heißt Verzeihen. Ein Verzeihen, das jenseits von Schuldgefühlen, das die Liebe selbst ist. Liebe uns, löse uns und der rückwärtige Weg steht dir frei.« Lilly denkt an ihre Eltern,ihre Lehrer und Freunde, die sie verletzt hatten und sie nicht verstanden hatten, und sie denkt an sich selbst, die vor lauter Einsamkeit und Verzweiflung ungerecht und böse geworden war. In diesem Moment blitzt so etwas wie Verständnis in ihr auf und eine tiefe Liebe erfüllt sie, zu ihren Eltern, zu Ihren Freunden, zu sich selbst. In diesem Moment erinnert sie sich an ihren kleinen See, an die vielen, vielen Tränen und an das gemeinsame Lachen mit unzähligen Tieren und Pflanzen, wenn sie sah, wie der Wasserspiegel des Sees durch ihre vielen, vielen Tränen gestiegen war.*

*In diesem Moment weiss sie, dass alles gut ist und sie sieht wieder die Steine und liebt sie. Plötzlich steht sie am Anfang eines schmalen Bächleins, das sich gewunden durch ein wunderschönes Tal zieht.*
*Ein paar Steine am Wegrand und in der Mitte des Bächleins erinnern sie an die Mauer aus Stein und sie staunt über das Wunder, das sie soeben gesehen. Beschwingt hüpft Lilly von einem Stein zum anderen und folgt dem Bächlein bis zur Quelle. Nahe der Quelle steht ein Häuschen, inmitten eines riesengroßen Gartens. Vor dem Häuschen steht eine Frau, die seltsamste Frau, die Lilly je gesehen hatte. »Willkommen, mein Kind«, sagt die Frau. »Wer bist du«, fragt Lilliy« Ja weißt du das nicht«, sagt die Frau, »ich hüte deine Vergangenheit und bald wirst du alles verstehen.«*

# Das Buch des Lebens

## Der vergessene Mythos der Liebe

*Lile an Eden*

*Als Schauspielerin, Hypnotherapeutin, Designerin, Autorin, Malerin und Empathinn liegt ihr jeder Bereich des menschlichen Ausdrucks am Herzen. In diesem Buch nimmt sie uns mit auf eine Reise vom Sein ins Bewusstsein und sie erzählt uns vom vergessenen Mythos der Liebe*

*Liebe ist das Herz aller Herzen.*
*Sie ist das Gesicht des Lebens selbst.*

*Es gibt keine Grenzen des Möglichen,*
*ausser du glaubst an sie.*
*Es gibt keine Realität, ausser du schaffst sie.*
*Es gibt kein Leben ohne Liebe.*
*Es gibt keine Trennung, nur das Vergessen des Einen.*
*Erinnere dich an das Eine in allem.*

ISBN 978-3-9503099-0-4

*Verlag Artvisionweb*

*www.artvisionweb.com*

*Bitte besuchen Sie auch unsere Webseiten:*
*www.artvisionweb.com*
*www.sfinks.at*